A ARTE DA LEITURA
DIÁLOGOS SOBRE LIVROS

Copyright © 2011 by Encyclopaedia Britannica, Inc. Distributed exclusively by É Realizações Editora. All other rights reserved.
Copyright © 1975 by Encyclopaedia Britannica Educational Corporation Compilation
Copyright © 2008 Enciclopaedia Britannica, Inc.
Copyright da edição brasileira © 2017 É Realizações
Título original: *How to Read a Book*

Editor
Edson Manoel de Oliveira Filho

Produção editorial
É Realizações Editora

Capa e projeto gráfico
Mauricio Nisi Gonçalves

Revisão
Geisa Oliveira

Reservados todos os direitos desta obra. Proibida toda e qualquer reprodução desta edição por qualquer meio ou forma, seja ela eletrônica ou mecânica, fotocópia, gravação ou qualquer outro meio de reprodução, sem permissão expressa do editor.

CIP-BRASIL. CATALOGAÇÃO NA PUBLICAÇÃO
SINDICATO NACIONAL DOS EDITORES DE LIVROS, RJ

A185a

Adler, Mortimer Jerome, 1902-2001
  A arte da leitura : diálogos sobre livros / Mortimer Jerome Adler e Charles Van Doren ; tradução Margarita Maria Garcia Lamelo. - 1. ed. - São Paulo : É Realizações, 2017.
  128 p. ; 23 cm.

  Tradução de: How to read a book
  ISBN 978-85-8033-271-1

  1. Comunicação oral. I. Título.

16-35073
CDD: 302.2242
CDU: 316.772.3

É Realizações Editora, Livraria e Distribuidora Ltda.
Rua França Pinto, 498 · São Paulo SP · 04016-002
Caixa Postal: 45321 · 04010-970 · Telefax: (5511) 5572 5363
atendimento@erealizacoes.com.br · www.erealizacoes.com.br

Este livro foi impresso pela Intergraf Indústria Gráfica em janeiro de 2017. Os tipos são da família Weiss BT, Perpetua Titling MT e BernhardMod BT. O papel do miolo é o Lux Cream 80 g, e o da capa, Supremo Alta Alvura 250g.

A ARTE DA LEITURA
DIÁLOGOS SOBRE LIVROS

Mortimer J. Adler e Charles Van Doren

Tradução
MARGARITA MARIA GARCIA LAMELO

Revisão técnica e posfácio
JOÃO CEZAR DE CASTRO ROCHA

É Realizações
Editora

Sumário

Nota do editor 7

1º Diálogo – Ler ou não ler 9

2º Diálogo – Como ficar acordado enquanto se lê 17

3º Diálogo – Chegar a um acordo com o autor 25

4º Diálogo – Qual a proposta e por quê 33

5º Diálogo – Como ler livros: perguntas a serem feitas sobre um livro 41

6º Diálogo – Como ler livros: reagir ao autor 49

7º Diálogo – Como ler livros: classificar livros 57

8º Diálogo – Como ler livros: como ler obras de ficção 69

9º Diálogo – Como ler livros: o que faz uma história ser boa 77

10º Diálogo – Como ler poesia 85

11º Diálogo – Ativar poemas e peças 97

12º Diálogo – Como ler dois livros simultaneamente 105

13º Diálogo – A pirâmide de livros 113

Posfácio 121

Nota do editor

Edson Manoel de Oliveira Filho

Duas palavras sobre *A Arte da Leitura: Diálogos sobre Livros*, a fim de esclarecer algumas decisões editoriais.

Em primeiro lugar, o conteúdo deste livro naturalmente evoca mas não reproduz o de *Como Ler Livros*, título também por nós publicado. Os autores são os mesmos, assim como o tema discutido, contudo, a forma das conversações aqui reunidas assegura a originalidade deste volume.

De fato, a vivacidade do diálogo entre Mortimer Adler e Charles Van Doren parece uma perfeita metonímia da imagem comumente associada à leitura dos clássicos — como se o contato com as grandes obras apresentasse a conversa infinita propiciada por toda biblioteca. A intimidade dos dois amigos, desse modo, é perfeitamente complementada pela familiaridade com os títulos de que tratam.

Em segundo lugar, decidimos não apenas transcrever os treze encontros de Mortimer Adler e Charles Van Doren, porém oferecer, no final deste livro, um aplicativo com a totalidade de seu diálogo. Trata-se de documento de grande interesse e que certamente enriquece a fruição de *A Arte da Leitura: Diálogos sobre Livros*.

Uma última observação sobre as legendas que acompanham o aplicativo. Chamamos atenção para um aspecto fundamental, qual seja, na transcrição das conversas procuramos, aqui e ali, adaptar a conversação dos dois autores, a fim de facilitar a compreensão de determinadas passagens. Por isso, o leitor ou a leitora não deve se surpreender ao comparar a legenda com as falas do aplicativo. O conteúdo permanecerá sempre fiel ao diálogo dos dois autores, porém houve ligeiras mudanças na forma de sua exposição.

Boa leitura: *A Arte da Leitura: Diálogos sobre Livros* constitui uma das mais fascinantes conversações acerca do projeto que anima a É Realizações: o amor pelas grandes obras.

1º Diálogo

LER OU NÃO LER

Charles Van Doren: Como vamos falar sobre como ler livros, trouxe alguns para sua leitura.

Mortimer Adler: O que você entende por leitura? É uma palavra extremamente ambiciosa, pode ter uma infinidade de significados: ler para obter informação; simplesmente para se divertir e relaxar; ou para entender, uma leitura por meio da qual elevo minha mente de uma compreensão menor para outra maior. A qual desses sentidos você se refere?

CVD: Todos os três. Os livros que trouxe permitem essas três formas distintas de leitura.

MA: Acho que posso dizer dentre eles qual eu leria. Eu também lhe trouxe alguns, dê uma olhada, enquanto vejo os seus. Este é um livro que quero ler há muito tempo, mas muito ligeiramente. É de Merle Miller, *An Oral Biography of Harry S. Truman*, e sei o que contém: a história da vida política de Truman durante sua presidência, narrada na primeira pessoa. Sei que leria este livro rapidamente.

CVD: Este é *Toynbee on Toynbee*. Há uma longa descrição sobre o livro na capa, uma conversa entre Arnold J. Toynbee e G. R. Urban sobre temas de interesse comum. Como Toynbee é um dos grandes escritores do nosso século, tenho certeza de que gostaria de lê-lo.

MA: Sei que não quero ler este, *All About Bicycling*. Apenas daria uma olhada na capa. Charles, lamento muito, mas devo confessar que não sou capaz de me equilibrar numa bicicleta.

CVD: Talvez o livro lhe ajude.

MA: Não! Trata-se de um livro prático. Vou lhe mostrar. Eu nunca aprenderia, com base num livro, a me equilibrar numa bicicleta.

CVD: E se ficássemos totalmente sem gasolina?

MA: Eu andaria.

CVD: Aqui temos um livro de I. A. Richards, o filósofo, *Beyond: The Sources and Aims of the Western Tradition from the "Iliad" and "Job" to Plato, Dante, and Shelley*. Acredito que provavelmente gostaria de lê-lo. É um livro complexo e com índice analítico, algo que os livros costumavam ter. Há uma análise bem definida de seu conteúdo. Eu o leria.

MA: Tenho aqui os três últimos livros dos que me deu. Por que me deu este? Você sabe que já o li.

CVD: Sim, eu sei.

MA: É um livro que leio cuidadosamente. Já o li umas dez, quinze vezes.

CVD: Nele, há notas e comentários em cada página. Esta é a razão pela qual achei que poderia ser um livro interessante e útil.

MA: Em relação a todos os livros que você me deu, *Hamlet* é o único que eu leria. Já li dez, quinze vezes, durante anos, vagarosa e cuidadosamente, entendendo mais a cada leitura. Este é o único livro que eu classificaria como uma leitura para cultivar minha própria mente. De fato, aperfeiçoar minha mente e entender a minha própria e a vida do homem, seria mais difícil antes de tê-lo lido. *An Oral Biography of Harry S. Truman* seria um entretenimento e uma fonte de informação. Os outros são estritamente informativos, não me ensinariam nada além de fatos que não conheço. Parece-me que a distinção entre livros, revistas ou jornais que as pessoas leem para obter informação, os que são lidos por entretenimento, como histórias de detetives, romances leves ou ficção comum, e os que são lidos para melhorar seu conhecimento é muito importante. Pela razão de que todos nós aprendemos a ler na escola. E, para a maioria desses livros, o tipo de leitura que você faz ou aprende a fazer nesse período é suficiente, porque o capacita satisfatoriamente para ler o jornal.

CVD: Você tem que praticar.

MA: Mas, para ler *Hamlet*, ou outros livros que valem a pena ler para melhorar sua mente, você precisa de habilidades que não são ensinadas na escola. Na realidade, o tipo de leitura do qual deveríamos estar falando, a partir de agora, é aquele que não é de forma alguma ensinado na escola; são leituras que implicam atos de interpretação, de análise, de apreensão do conteúdo do livro.

CVD: E o julgamento crítico quando você acaba.

MA: Esse tipo de leitura não pode ser feita rapidamente.

CVD: Eu concordo. Quanto tempo você levaria para ler *Hamlet*? Se estivesse lendo...

MA: Pela primeira vez?

CVD: ...Sim, pela primeira vez.

MA: Eu o leria mais rápido na primeira do que na segunda e na terceira vez. Sobre a velocidade da leitura, eu diria que não há algo como a velocidade certa. Ao ler Platão ou Aristóteles, raramente leio mais do que vinte páginas por hora, às vezes mais lentamente do que isso.

CVD: Isso é bem devagar.

MA: Eu diria que ao ler de acordo com o terceiro sentido de leitura, de elevar minha mente do estado de entender menos para apreender mais, duvido que eu leia dez livros por ano. Manuseio centenas, analiso muitos, obtenho informações. Tenho prazer com livros que leio à noite antes de dormir, mas, posso garantir, aqueles com os quais aprendo, no verdadeiro sentido de aprofundar a minha mente, para adquirir algum conhecimento, alguma sabedoria, espero, duvido que leia dez por ano, porque os leio muito devagar, em geral sentado a uma escrivaninha, com lápis e papel, fazendo anotações. É um trabalho difícil. Portanto, tenho a impressão de que toda a questão da velocidade da leitura está errada.

CVD: Sim, acho que você está certo.

MA: Em vez de falar sobre a velocidade da leitura, temos que falar de velocidade variável da leitura. Todo mundo deveria ser capaz de ler algumas coisas muito rapidamente, em especial se o propósito for uma leve compreensão, e outras, muito lentamente. O problema é que as pessoas não sabem ler suficientemente devagar.

CVD: Acho que isso é verdade quando se trata de um livro muito bom. A leitura mais rápida é útil para aprender a ler memorandos, cartas comerciais, ou algo do gênero.

MA: Não acho que recomendaria isso em caso de contratos, ou cartas de amor.

CVD: Cartas de amor deveriam ser lidas muito devagar. Agora, no caso de *Hamlet*, suponhamos que você não conhecesse a peça, que não a tivesse lido antes. Neste caso, você está dizendo que, primeiro, gostaria de descobrir algumas informações, por exemplo, seu título, o nome do autor, quando foi escrita, os personagens.

MA: Eu não gostaria de ler este exemplar do *Hamlet* que você me deu, se fosse minha primeira leitura da peça. Não ia querer ser interrompido por comentários nem por notas de rodapé, mas, sim, lê-lo todo, rapidamente. Na realidade, minha percepção em relação a um livro difícil que tem que ser lido com cuidado é que, na primeira vez que se lê, isso é feito rapidamente, mas só nesta ocasião. Depois, deve-se ler novamente, mas muito mais devagar, porém, ao mesmo tempo, rapidamente – e isso no sentido de não haver qualquer interrupção. Há muitas alusões em *Hamlet* que eu não entenderia, e as notas me ajudariam; entretanto, na primeira leitura, não gostaria de entender tudo, apenas o suficiente para apreender a peça como um todo.

CVD: É muito importante entender toda a estrutura do livro antes de começar a ler minuciosamente, entendendo os detalhes, não é?

MA: Quando fui para o colegial, há muitos anos, lemos *Júlio César* no primeiro ano do curso, cena por cena, entendendo cada uma. O resultado foi que nunca entendi a peça. O que antes deveria ter sido feito, era ler a peça toda, por completo, discuti-la como um todo, e daí retomá-la mais cuidadosamente, lendo cena por cena, com as notas e as explicações.

CVD: Tive a mesma experiência com *Como lhe Aprouver*. Na realidade, meu pai era poeta e professor de inglês, especialista em Shakespeare. Ele me disse: "Leia a peça toda", o que fiz na véspera da aula. No dia seguinte, fui à escola e a professora estava aborrecida comigo, porque eu tinha estragado seu plano. Eu sabia que tinha feito algo importante para mim mesmo, porque estava entendendo o que ela fazia.

MA: Estou tão convencido a respeito disso que, quando leio grandes livros com alunos ou adultos em seminários, quando adoto um livro difícil para discutir, costumo lhes dizer, que o leiam todo, e não parem porque não entenderam algo na primeira leitura. Porque é só lendo todo o livro e entendendo 10%, 20%, 30%, que serão capazes de voltar e ler mais. Há um exemplo que gosto muito. Penso na *Suma Teológica*, de Santo Tomás de Aquino, num de seus tratados mais reveladores, *Sobre a Lei*. Pedi para as pessoas que o estavam lendo que parassem, pois, quando chegassem às perguntas 90 até 97, 98, umas 8 ou 9 perguntas, a segunda, a 92, no artigo 6, indaga se há uma lei nas *fomes* do pecado: *f – o – m – e – s*. As pessoas pararam de ler, porque não sabiam o que *"fomes"* queria dizer, não encontravam no dicionário, então pararam, porque não podiam entender aquela passagem em particular. Eu disse: "Em primeiro lugar, se vocês não entenderem essa passagem, isso não afetará sua percepção geral do *Tratado sobre a Lei*; segundo, se colocarem no contexto e conseguirem dar algum sentido para as *"fomes"* do pecado, das paixões, perceberão que há aqui uma discussão sobre as paixões como fonte, a paixão animal, como a fonte do pecado original, as causas da queda de Adão... Depois que tiverem lido todo o *Tratado sobre a Lei*, serão capazes de voltar e entender melhor por que Santo Tomás de Aquino pergunta: 'Há uma lei nas *fomes* do pecado?' Caso contrário, as pessoas vão interromper a leitura por causa disso.

CVD: O que são *fomes*?

MA: *Fomes* são substâncias que comunicam infecção, substâncias infecciosas, e as paixões infectam os pecadores.

CVD: Mas era possível entender isso de uma forma geral a partir do contexto.

MA: Mas se você não fosse capaz, não tem importância. E parar aí significa fracassar completamente.

CVD: Outro exemplo disso é o "Canto I" da *Divina Comédia*, de Dante. Muitas pessoas ficam presas nele, porque, quando Dante está viajando através do mundo, vê-se numa selva escura na metade do caminho da sua vida, e encontra um leopardo, uma loba e um leão. Estas são figuras alegóricas. Dante realmente não explica o que significam. Conheço leitores que disseram: "Não posso continuar, porque não sei o que esses animais significam". Não importa. Porém, se você continua só um pouco mais, Dante encontra Virgílio, o personagem mais importante depois dele mesmo e de Beatriz, e, a partir daí, a história se desenrola. Mas não se deve ficar paralisado no começo.

MA: Se você me acompanha nessa distinção entre ler como diversão ou entretenimento, só para informação; e ler para compreender, adquirir conhecimento, aprofundar sua mente, elevá-la, passando de um nível mais baixo para outro mais alto, então, acho que é extremamente importante, para todos nós, encontrar uma série de livros que estejam acima de nossas mentes. Porque, se uma pessoa somente lê livros que estão no mesmo nível da sua mente, não pode elevá-la; mas, se o livro representar um desafio, o tipo de livro que a pessoa, de início, só entende parcialmente, e precisa trabalhar para entender mais, este provavelmente pode elevá-la. Você não pode se aperfeiçoar com o que se encontra no seu nível ou mesmo abaixo dele.

CVD: Não é possível se erguer a partir de algo que está abaixo de você!

MA: Você não pode dizer "está acima da minha mente" como se isso fosse razão para excluí-lo imediatamente. Pelo contrário, o que está acima da sua mente é o que você deve perseguir.

CVD: Se você pega um livro e o acha difícil demais, não deveria deixá-lo de lado. Isto é o que você está procurando. E deveria ficar feliz quando encontra um livro que seja muito complicado, porque é com este que você pode crescer, elevar-se.

MA: E o ato de ler consiste em saber fazer justamente isso. O ato de ler, gostaria de destacar, consiste em ter as habilidades necessárias para elevar sua mente. Somente com um livro em mãos é possível passar do nível de entender menos para o de apreender mais.

2º Diálogo

COMO FICAR ACORDADO ENQUANTO SE LÊ

Charles Van Doren: Mortimer, você é uma pessoa inteligente. Por que leva tanto tempo para ler?

Mortimer Adler: Algumas vezes demoro bastante para ler um livro; outras, pouco. Posso ler dez livros em um dia, tendo como objetivo analisar seu conteúdo, e colocá-los na prateleira como uma referência futura.

CVD: E decidir se quer lê-lo ou não.

MA: Cuidadosamente ou não. Mas, da mesma forma que posso ler dez livros em um dia, posso fazê-lo em dez dias, às vezes até mais, porque, de fato, fico trabalhando neles. Faço que aquele livro se torne parte de mim mesmo, tento entender tudo o que diz, o que significa, pensar a respeito e criticar o que aprendi com ele. Quando faço isso, estou trabalhando, não estou sentado numa cadeira sem fazer nada, nem a ponto de dormir! Normalmente, leio livros desta forma, na minha escrivaninha, com um bloco e raramente sem uma caneta ou um lápis na mão. Mais: frequentemente, depois de uma hora ou duas, tenho que parar, porque sou tão cauteloso com o trabalho, que preciso descansar antes de continuar lendo. O que faço com um lápis é anotar, no livro, ou num pedaço de papel. Penso que ninguém lê de fato, no sentido de colocar o livro na sua mente, se não fizer isso. Ficar sentado, com o livro na mão, os olhos abertos, virando as páginas, provavelmente com a mente divagando, isto não é ler, pelo menos não como eu entendo o ato de leitura.

CVD: Que livros são esses?

MA: Tenho aqui três livros que li cuidadosamente; estes dois, há cinquenta anos, e este, há quarenta. Estes dois li na faculdade, quando fui estudante em Columbia, com John Dewey. Vou lhe contar uma história a respeito disso mais tarde. Eis os livros: *Reconstrução em Filosofia*, de John Dewey e *Pragmatismo, o Significado da Verdade*, de William James, ambos filósofos pragmáticos. E com este, pouco tempo depois que comecei a dar aulas, tomei conhecimento do grande filósofo francês Jacques Maritain, autor de um livro chamado *Arte e Escolástica*. Deixe-me dizer o que gostaria de ter feito com este livro. Primeiro, vemos aqui, com minha letra infantil, uma série de páginas com notas que, enquanto lia, fiz num bloco.

CVD: Antes que você continue, tenho aqui um exemplo pessoal. Um livro, anotado por mim, que acabei de encontrar na minha biblioteca, sobre William Cooper, *The Man I Wrote a Visitation About*. Enchi a parte interior da capa com notas, mas não foi suficiente; então, acrescentei umas oitos páginas, que cortei para que coubessem no livro.

MA: Daí, no próprio livro, coloco uma anotação na margem para indicar que quero chamar a atenção para o parágrafo, sublinho palavras, e, às vezes, escrevo na margem do pé da página minhas observações, meus comentários. Aqui, no fim do capítulo, há uma série de notas. O interessante em relação a isso, Charles, é que são úteis com o passar do tempo. Se, por exemplo, eu tivesse que ler este livro agora para discussão, pediria outro exemplar, aliás, uma das razões pelas quais raramente uso livros da biblioteca. Sim, uso livros da biblioteca com frequência, mas, se tenho de fazer esse tipo de coisa, eu o compro, pois não posso fazer anotações num livro da biblioteca, e, se não anotar, tenho a impressão de que não compreendi.

CVD: Na realidade, quando você lê um livro com tanto cuidado, de certa forma, estabelece um direito de propriedade para colocá-lo na sua própria mente, e, por isso, é melhor que seja seu.

MA: Se eu quiser ler este livro novamente, com o objetivo de ensinar ou usá-lo para pesquisa, vou querer outro exemplar para fazer novas anotações. As primeiras anotações me incomodarão. Embora possam ser úteis, posso não estar interessado no que pensava na época, porque, passados cinquenta anos, penso de outra maneira.

CVD: As anotações num livro não são o registro para que você se refira a isso mais tarde.

MA: Elas não estão no livro para ser lembradas. Mas, sim, por fazerem parte do ato de ler naquela época.

CVD: Elas o lembram a respeito de como você lia. Fui à minha biblioteca e encontrei um exemplar da *Ilíada*, de Homero, no qual havia anotações em praticamente todas as páginas. Acho que fiz uma espécie de índice contínuo do livro. À época, cerca de 25 anos atrás, estava escrevendo algo sobre a *Ilíada*. Havia um índice, mas não me era satisfatório. Enquanto lia, tinha de fazer o meu próprio índice da trama e dos personagens e de suas diversas formas de agir. Assim, na parte superior de muitas páginas, escrevi o que acontecia na página. Fico surpreso de ver que o que disse não é mais verdade. Mas isso não importa. O que sei é que realmente li esse livro.

MA: É o mesmo com este livro de William James, ensaios sobre *Pragmatismo. O Significado da Verdade*: tanto a folha de rosto quanto a última estão cheias de notas relativas às páginas, e, claro, o próprio livro está anotado, sublinhado, e repleto de asteriscos. Deixe-me dizer algo a respeito. Como você sabe, ministrei seminários em Aspen nos últimos 25 anos. Muitas das leituras eram as mesmas; li trechos selecionados para os seminários 25 vezes ou mais, e cada vez que lia, anotava, mas não posso usar as anotações dos últimos anos. Tenho um acompanhamento das notas, de muitos anos atrás, porque coloco datas. Mas cada vez que faço esse seminário, leio os textos novamente. Os trechos selecionados são muito curtos, trinta ou quarenta páginas, mas, mesmo assim, faço novas anotações, porque, à medida que envelheço, minha cabeça muda, e tenho, portanto, que fazer uma nova leitura, pensar e anotar novamente para estar atualizado.

CVD: Aqui tenho um livro de Walter Bagehot, *Física e Política*. Este livro tem cinco capítulos, o último é o mais importante. Em determinado momento desse capítulo, Bagehot antecipa o essencial do seu raciocínio. O que eu fiz foi anotar as frases essenciais da discussão, os principais argumentos; 1, 2, 3, 4, 5, 6, 7, 8, 9, 10, 11, 12, 13, e, finalmente, uma página depois, 14. Aqui está a frase-chave. E, assim, tenho o registro eterno do eixo deste livro.

MA: Recentemente, li um livro que me interessa bastante, do professor Barrington Moore, chamado *Reflections on the Causes of Human Misery and upon Certain Proposals to Eliminate Them*, que lida com problemas econômicos e políticos atuais. Fiz anotações muito elaboradas. Como você pode ver aqui, coloco pontos de interrogação na margem quando acho uma frase intrigante; em alguns casos, sublinho, mas, em outros, como na página 171, sublinho a frase, coloco asterisco e o número 1, como o primeiro ponto numa sequência de argumentos. Aqui há outro caso, com asteriscos e palavras com círculos ao redor. Viro a página e encontro o asterisco e o número 2, o asterisco e o número 3. Então, tenho uma sequência de frases para as quais quero chamar minha atenção para a sequência da argumentação.

CVD: Aqui tenho um exemplar de *A Natureza do Universo*, de Lucrécio, ou *Sobre a Natureza das Coisas, De Rerum Natura*, que contém um índice analítico feito pelo tradutor. Nele não há somente títulos, mas também um esboço do conteúdo da obra, muito útil e muito benfeito, mas não é o *meu* índice analítico. Estava ensinando o livro e trabalhando muito sobre ele, e tive de fazer o meu índice, que é, de alguma forma, diferente do proposto pelo tradutor, embora em muitos aspectos seja o mesmo, pois eu estava lidando com idêntico livro.

MA: Você não diria a um aluno que estivesse lendo o livro que está ensinando que fizesse o mesmo tipo de trabalho?

CVD: Sem dúvida. E ele discutiria comigo se sua perspectiva sobre o conteúdo do livro seria diferente da minha.

MA: Esta é a razão pela qual não gosto de emprestar meus livros. Não gosto de livros de biblioteca porque não posso fazer anotações neles, e não quero lhe emprestar este livro. Se você quiser ler *O Significado da Verdade*, você deve comprar o seu exemplar! Não quero que você seja influenciado pelas minhas anotações, como você não poderia deixar de sê-lo por todas as minhas anotações nas páginas.

CVD: Posso dizer a mim mesmo: "Mortimer Adler é louco, ele entendeu isto de maneira errada". E qual é a sua história com John Dewey?

MA: Na época em que estava lendo este livro, John Dewey tinha acabado de voltar da China e ensinava em Columbia. Eu era *junior*, ou *senior*, e as palestras dele tinham um ritmo relativamente lento; eu anotava praticamente tudo o que ele dizia. Ia para casa e datilografava essas notas, lia tudo cuidadosamente, e depois escrevia a ele uma carta: "Caro professor John Dewey, no dia tal o senhor disse tal coisa, mas pareceu-me que entrou em contradição em relação ao que disse dois dias antes. O senhor poderia explicar?". O professor Dewey vinha para a classe e dizia: "Um aluno desta classe escreveu-me uma carta", lia o que a carta dizia e explicava. Eu ia para casa e escrevia outra mensagem; ou seja, eu continuava nosso diálogo. Um dia, porém, John Dewey, cansado, disse: "Eu gostaria que o aluno que me mandou esta carta parasse". Mas, na verdade, quando está fazendo anotações em um livro, você é aquela pessoa que conversa com o autor; na realidade, penso que ler implica esse tipo de diálogo.

CVD: Isso é errado?

MA: Não.

CVD: Como você tem certeza de que a visão do autor está adequadamente representada na sua conversa?

MA: Não é possível ter certeza disso, porém...

CVD: Mas esse é o seu esforço, não é?

MA: Sim, é o meu esforço.

CVD: Sua primeira tarefa ao ler um livro é compreender o mais verdadeira e corretamente possível o que o autor diz.

MA: Entretanto, talvez, uma das razões de fazer duas pessoas, juntas, lerem o mesmo livro é obter uma conversa um pouco menos unilateral. Ao que eu dizia para John Dewey, você poderia responder: "Não acho que Dewey estava dizendo isso", e a conversa fica mais aberta. Mas, você sabe? Acredito que a maioria das pessoas não percebe, porque não se compromete a ler dessa maneira, pois ler é um processo muito ativo. Quando a maioria das pessoas pensa sobre o que é escrever, chega à conclusão de que, para que uma pessoa escreva, é preciso que tenha uma máquina de escrever ou um pedaço de papel, é preciso que faça algo. Contudo, quando pensam sobre o que é ler, visualizam uma pessoa sentada passivamente, e as palavras indo para sua cabeça, através dos olhos, e depois na mente, de uma forma não ativa; afinal, a pessoa está sentada, quieta. Mas ler é uma coisa tão ativa quanto escrever! Com frequência, gosto de pensar na analogia de arremessar e receber a bola no beisebol.

CVD: O receptor que fica ali atrás, ajoelhado, não está passivo.

MA: Ele está recebendo, mas não passivo, está recebendo ativamente, da mesma forma que os arremessadores lançam a bola ativamente. Portanto, o escritor está comunicando ativamente, e o leitor, recebendo a comunicação, também de forma ativa. As ações são correlatas e proporcionais uma em relação a outra, e as atividades são igualmente intensas para os dois.

CVD: É um bom receptor que faz um bom arremessador. E suponho que o que estamos dizendo aqui, de certa forma, é que um bom leitor faz um bom autor.

MA: E o inverso também é verdade. Um bom receptor não pode pegar uma bola de um mau arremessador.

CVD: Sim, é verdade.

MA: Algumas das regras de leitura de que falamos, no sentido de torná-la mais clara, aplicam-se somente a livros bem escritos. Pois se o livro não for suficientemente bem escrito, as regras não funcionarão, da mesma forma que um bom receptor com grande habilidade não pode pegar a bola de um mau arremessador.

CVD: É muito importante enfatizar esse fator, não é mesmo? Não estamos recomendando que se pegue um lápis para fazer anotações, ordenando os pontos da argumentação do autor se for um livro que se lê por prazer ou entretenimento, ou só para obter informação.

MA: Que triste seria fazer anotações num romance policial.

CVD: Quando se lê para elevar sua compreensão, quando é a mente que está envolvida, realmente se deseja captar o que o outro está dizendo.

MA: Então, é melhor que você transforme o livro em algo seu, e não somente pelo fato de comprá-lo. Porque isto é apenas uma propriedade física, deixada na prateleira. Ele se torna seu quando você se coloca nele, e anotar é uma forma de fazê-lo.

3º Diálogo

CHEGAR A UM ACORDO COM O AUTOR

Charles Van Doren: A primeira coisa que um bom leitor faz quando começa um livro é chegar a um acordo com o autor, não é?

Mortimer Adler: A razão disso é que, com frequência, os autores usam palavras-chave no texto com significados muito específicos. Se o leitor não souber o significado dessas palavras, não compreenderá o que o texto está tentando dizer. É impossível! A maioria das palavras no dicionário é ambígua, possuindo muitos significados; e muitas são usadas em conversas corriqueiras de uma maneira, e pelos autores de forma bem diferente. A primeira tarefa é descobrir, com bastante precisão, qual o significado empregado pelo autor ao usar uma palavra importante no seu texto, e, reiteradamente, o autor chama a atenção para o que está fazendo. Vou dar um exemplo de Thomas Hobbes, extraído do seu livro *Leviatã*, um clássico da filosofia política do século XVII.

CVD: *Leviatã*. O título não é um termo usual.

MA: Não mesmo. É dessa forma que Hobbes se refere ao Estado, como um grande monstro. E as palavras que usa são muito conhecidas, que você e eu, todos, usamos cotidianamente: guerra e paz. Quando você pensa a respeito de como usamos "guerra", falamos de uma guerra que está acontecendo, bombas são jogadas, cidades são destruídas.

CVD: E "paz" quando isso não acontece.

MA: Mas Hobbes discorda, mostrando que há outro significado para a palavra. Ele diz: "Quando os homens vivem sem um poder comum que os atemorize, encontram-se numa situação que se chama guerra, pois esta não é feita somente de batalha". A maioria das pessoas pensa que a guerra é feita de luta; nas palavras de Hobbes, "do ato de lutar, mas de um período de tempo em que a vontade de lutar é suficientemente conhecida. Portanto, a noção de tempo deve ser levada em consideração na natureza da guerra, como na do clima, pois a natureza do mau tempo não reside em uma ou duas pancadas de chuva, mas na tendência de chover ao longo de muitos dias. De igual modo, a natureza da guerra não consiste no ato de lutar, mas na disposição de fazê-la durante todo o tempo em que não há certeza do contrário". Segundo Hobbes, logicamente, durante todo o resto do tempo reina a paz. O que ele está fazendo aqui, no século XVII, é chamar nossa atenção para um significado da noção de guerra que só recentemente nomeamos: guerra fria. Não se trata somente do ato em si de fazer a guerra, mas de nossa disposição para lutar. No limite entre um e outro, o homem lutaria se as condições mudassem e assim exigissem.

CVD: No Oriente Médio há uma situação em que temos tanto a guerra em si quanto a guerra fria, que já dura 35 anos.[1] Segundo Hobbes, essa é uma situação de guerra ao longo de todo esse tempo.

MA: Ele define a guerra e diz que durante todo o resto do tempo reina a paz. Porém, observe que por paz ele entende a paz civil, do tipo que existe nos Estados Unidos, na Califórnia, em Illinois, em Chicago, em Nova York, onde as pessoas vivem sob um governo que lhes permite resolver suas diferenças recorrendo à justiça, subordinada ao governo, em vez de entrar em conflito.

CVD: Ou seja, mesmo que estejam lutando uns contra os outros.

---

[1] O livro foi originalmente publicado em 1651.

MA: E eles estão.

CVD: Estão brigando, mas numa situação de paz.

MA: Sem recorrer à força ou à violência. Este é o significado de paz. Não só a ausência de conflito, mas a capacidade de resolver as diferenças sem a ele recorrer.

CVD: Hobbes é coerente, no *Leviatã*, na utilização das palavras guerra e paz, empregadas nessa acepção?

MA: Sim!

CVD: Isto não é verdade em relação a todos os autores, mesmo autores de grandes livros. Por exemplo, Dante, na *Divina Comédia*. Guerra e paz são dois termos decisivos no *Leviatã* de Hobbes; já na *Divina Comédia*, a palavra crucial é amor. Toda a *Divina Comédia* consiste numa centena de cantos, e os cantos fundamentais 50 e 51 contêm uma definição do amor. Dante não somente usa a palavra em praticamente todo o canto, mas também diz a Virgílio o que é amor, e este responde: "Amor é isto". Embora seja um pouco ambíguo, certamente ele está indicando a importância do termo. Contudo, na leitura dos cantos, você também pode descobrir que o conceito de amor muda ao longo do poema. Descobrimos, por exemplo, no Canto V, no Inferno, que Francesca está lá por causa do seu amor, que é guiado de forma errada, mas é um amor que tende a durar. Quando chegamos ao Purgatório, encontramos outra senhora, La Pia, que também aí se encontra por causa do seu amor, porém seu amor é diferente, pois é transitório, não permanente. Ela só o teve por um momento, justo antes de morrer. E, finalmente, chegamos ao Paraíso, onde outra famosa senhora, Picarda, apresenta outro tipo de amor; ele é incompleto, não suficiente, mas orientado corretamente através da sua vida, então ela está no Paraíso, embora num nível inferior.

MA: Então o termo "amor" não é uma coisa única. Trata-se de toda uma gama de sentimentos.

CVD: Isso mesmo: toda uma sequência de significados.

MA: O bom leitor acompanha, de cima para baixo, toda essa sequência de termos.

CVD: E segue Dante sozinho, como se estivesse caçando um coelho para pegá-lo à medida que vai mudando.

MA: Bem, os autores... Hobbes não dá uma definição. Ele introduz o sentido da palavra dizendo que a guerra não é só feita de batalhas ou do ato de lutar, tem um significado específico. Aristóteles, no seu livro *Física*, discute a noção de movimento. No momento em que diz exatamente o que o movimento é, estabelece uma espécie de definição para que entremos num acordo com ele, e não se trata de uma definição fácil! Segundo Aristóteles: "Movimento é a atualização do que existe potencialmente na medida em que existe potencialmente". Não é uma definição fácil. Deixe-me explicar um pouco. Vou pegar esta caneta e fazer que role através da mesa, eu a empurro, ela para aqui, rola, e para novamente, mas enquanto estava em movimento, era uma atualização de estar no seu próximo lugar enquanto ainda tem força para ir para o seguinte, até parar e ficar ali completamente, e deixar de estar em movimento. Esta é a definição do movimento, muito específica, aliás: a atualização da força enquanto ainda ela subsiste.

CVD: Eis uma definição mesmo complexa!

MA: De fato. Aristóteles também chama nossa atenção para o fato de usar a palavra "movimento" de uma forma que não o fazemos corriqueiramente. Ele diz que movimento inclui a mudança de uma maçã ou de uma folha de verde para vermelho quando o outono chega, o aumento ou a diminuição do enchimento de um balão enquanto é insuflado; nascer ou morrer, o nascimento de uma criança, ou a morte de um animal; e somente um dos significados refere-se a seu uso do termo.

CVD: Aliás, é o que normalmente acreditamos que seja movimento.

MA: Ou mudança. É o que normalmente pensamos que há nesses quatro tipos de fenômeno e usamos a palavra movimento para um deles, mas ele diz que a usará para os quatro. Ora, se você não fizer isso, não estará prestando atenção no que está sendo dito pelo autor. Você terá de chegar a um acordo com ele, caso contrário não compreenderá esse texto.

CVD: Na realidade, você não tem que concordar com esse significado. Não importa se acha que ele está certo em relação ao sentido que dá à palavra; mas, concordando ou não, tem que acompanhar o autor no seu caminho.

MA: Se você não captar o significado, não pode dizer se ele está certo ou errado.

CVD: É isso mesmo, é como se você não estivesse lendo o livro. *Física* de Aristóteles discute natureza. Em grego, "física" significa natureza, e esta é o reino no qual as coisas mudam. A peça *Rei Lear*, de Shakespeare, também propõe uma reflexão sobre a natureza, e com frequência bons leitores o percebem. A palavra "natureza" é usada sessenta, setenta ou cem vezes durante a peça, e seu sentido também muda. Claro: Shakespeare não é tão explícito quanto Aristóteles: "observe as mudanças e veja o que estou fazendo". Por exemplo, Lear fala muitas vezes sobre natureza, seus filhos naturais, não naturais, suas ações não naturais em relação a ele, a perseguição em relação a ele, e assim por diante. Nesses casos, ele menciona a natureza humana. Porém, no começo do terceiro ato, Lear encontra-se, por assim dizer, submetido à perseguição dos céus, quando vem uma tremenda tempestade. Isto é, aqui temos um sentido exterior à natureza, e a palavra não é usada. Shakespeare não usa uma palavra específica para se referir à natureza, mas nós sabemos que é outro significado de natureza colocado na peça.

MA: Os poetas estão num extremo do espectro, no outro, os matemáticos. Shakespeare oscila de cima para baixo nessa balança da natureza, mas quando você lê os *Elementos*, de Euclides, de geometria, não tem dúvida a respeito do que significam os termos associados à geometria porque o livro começa com "definições". Se abrirmos na página das definições, veremos 23 delas. Por exemplo: "um ponto é o que não tem partes", "uma linha é o que tem comprimento, mas não largura", e segue a definição de linha reta que aprendemos na escola, "a distância mais curta entre dois pontos". Mas ele acrescenta que se trata da linha traçada igualmente entre suas duas extremidades; quando você olha para essa linha, os pontos não saem dela. Matemáticos escrevem dessa maneira. Newton também começa a grande obra sobre filosofia natural com definições similares. Quando o termo é definido, o autor se atém a ele no texto, e praticamente não há dificuldade de se chegar a um acordo com suas premissas.

CVD: É difícil ler sobre matemática por outras razões, mas, por outro lado, é fácil, porque o autor se atém ao significado. No entanto, não gosto muito disso, prefiro que o autor me desafie com mudanças inesperadas de significado e, sobretudo, não identificadas. Esta é a razão pela qual gosto tanto de poesia; porque tenho de seguir o autor. Você provavelmente prefere o estilo matemático, filosófico de leitura, não é?

MA: Sim, de fato. Nos dois casos, o problema da leitura é o de superar as dificuldades da linguagem da leitura. A linguagem é como uma pintura no vidro através do qual passa um feixe de luz. Quando você fala, eu ouço; você escreve, eu leio; as palavras são transmitidas passando seu significado com clareza, não há nenhum problema. A leitura não é esse tipo de pintura no vidro, esse meio translúcido; é antes uma barreira, um muro, uma montanha, está entre nós dois. Vale dizer, as palavras não passam claramente, eu tento direcioná-las para você, como você tenta direcioná-las para mim, e é somente quando usamos essa engenharia, quando esses dois direcionamentos se encontram, que nos comunicamos, chegando a um acordo mútuo.

CVD: Normalmente quando você está direcionando as palavras, espera que essa engenharia funcione, mas você pode não conseguir, e então não será capaz de se comunicar, e não haverá mais nada em comum entre você e o autor.

MA: Na realidade, isso acontece na maioria das vezes!

CVD: Muitas vezes, numa obra, um termo não é somente uma palavra, mas também pode ser uma expressão.

MA: Por exemplo, na "Declaração da Independência", aquela expressão maravilhosa, o *consentimento dos governados*; na *Origem das Espécies*, de Darwin, *sobrevivência do mais apto*, ou...

CVD: *A luta pela sobrevivência*.[2]

MA: Isso mesmo, correta *luta pela sobrevivência*.

CVD: No caso de Kant, a expressão de que todo o mundo gosta: a *coisa em si*.

MA: *Das Ding an sich*.

CVD: *Das Ding an sich*: o que você pode dizer acerca dessa expressão?

MA: Às vezes, o autor chama a atenção para um uso determinado, como Newton, ou mesmo Aristóteles, oferecendo inclusive uma definição. Às vezes, como Hobbes, apenas esclarecendo que a guerra não é feita de batalhas, ou seja, somente do ato de lutar. Isso significa que você atravessa o livro pensando saber em que consiste a guerra, mas percebe que o autor está dizendo algo diferente. Contudo, nem sempre tudo é tão claro, e, em tais casos, você tem que procurar o sentido sozinho.

---

[2] De fato, a expressão "survival of the fittest" não é originária de Charles Darwin, porém de Spencer; daí a correção de Charles Van Doren.

CVD: Você pode encontrar o termo numa obra ao ficar intrigado com a palavra. Se uma palavra é repetida muitas vezes e você não sabe exatamente o que significa, provavelmente trata-se de um termo-chave para o autor. Pode ser somente um nome ou algo que você não reconheceu, e não seria tão importante. Contudo, se for uma palavra que se repete muitas vezes no discurso do autor, e você não a capta bem, é melhor encontrar o significado, caso contrário não apreenderá o sentido do livro como um todo. Enfim, a forma de encontrar o sentido específico de uma palavra é ler tudo o que a envolve, não é?

MA: Em geral, o contexto ajuda.

CVD: Sim, o contexto ajuda. Você pode usar outras palavras que você entende, a fim de reconhecer o significado das palavras que não entende.

MA: Quando anoto num livro, normalmente coloco essas palavras em evidência; primeiro, destaco-as, fazendo um círculo ou sublinhando-as; ou simplesmente faço uma lista, pois sei que, se de fato não descobrir o que o autor quer dizer com essas palavras ou expressões em particular, não terei chegado a um acordo com ele. Em suma, não o terei entendido; logo, não haverá comunicação.

4º Diálogo

QUAL A PROPOSTA E POR QUÊ

Charles Van Doren: Mortimer, vou propor um jogo. Vou lhe dar uma frase e pedir que me esclareça seu significado com suas próprias palavras. Depois, você fará o mesmo comigo.

Mortimer Adler: Certo.

CVD: Principio por uma fala de Hamlet para Horácio. Uma citação muito famosa, mas com frequência mal compreendida: "Há mais coisas no céu e na terra, Horácio, do que sonha sua filosofia".

MA: Eis como traduziria a frase de Hamlet: "Sua compreensão do mundo, Horácio, não é adequada. Há mais coisas do que você pode entender".

CVD: Em outras palavras, você está enfatizando a palavra "sua".

MA: Isso: no caso, a filosofia de Horácio.

CVD: Não, não é isso! Hamlet não diz: "Há mais coisas no céu e na terra do que sonha *sua* filosofia".

MA: Ou ele pode ter dito: "Há mais coisas no céu e na terra do que os filósofos podem entender".

CVD: Está certo: há fantasmas, espíritos, e coisas desse tipo.

MA: Portanto, "sua" não se refere apenas à pessoa de Horácio.

CVD: Nessa passagem, filosofia significa "filosofia material", porque Hamlet é um materialista, como você verá daqui a pouco.

MA: Na Idade Média, os grandes teólogos e filósofos gostavam muito de dizer: "Nada age a não ser o que é real". O que isso significa para você?

CVD: Que não posso ser ferido por algo que é somente uma possibilidade, porém somente por algo que de fato exista.

MA: Você pode me dar um exemplo? Mostre-me que você entende o que disse dando um exemplo concreto de algo que não pode feri-lo por não ser real.

CVD: Uma possível tempestade não pode me molhar.

MA: Exato! A próxima frase com que eu gostaria de testá-lo é uma das minhas favoritas, extraída do *Contrato Social*. Rousseau, no *Contrato Social*, se refere à doutrina de Aristóteles, segundo a qual alguns homens são por natureza escravos: "Sobre essa doutrina, alguns homens são, por natureza, escravos, Aristóteles estava certo, mas tomou o efeito pela causa".

CVD: Isso é maravilhoso. Ou seja, Aristóteles achava que, visto que os homens agem como escravos, eles seriam, portanto, "naturalmente" escravos. Mas o que Rousseau queria dizer é que, como são tratados como escravos, consequentemente agem como se o fossem.

MA: Aqui se confunde o inato com o adquirido. Em outras palavras, Aristóteles deveria ter dito: alguns homens são por natureza escravos, enquanto outros são escravos quando assim se tornam à força.

CVD: Muito bom: eis a melhor forma de dizê-lo. Por fim, duas frases de *Hamlet*[1], mas elas vêm juntas, são as últimas palavras de Hamlet para Horácio:

---

[1] William Shakespeare, *Hamlet*. Trad. Lawrence Flores Pereira. São Paulo, Penguin Companhia, 2015, p. 193.

"E o resto só silêncio". Hamlet morre e Horácio diz: "Boa noite, príncipe. Que, voando, os anjos cantem para teu descanso". Linda declaração. Você pode elucidar essas duas frases?

MA: Hamlet está dizendo: "Quando morrer, estarei morto, acabou-se tudo". E Horácio: "Não, amado príncipe, há outro mundo para o qual serás escoltado por anjos".

CVD: Digamos que não seja uma interpretação exatamente correta, pois Hamlet já está morto e já não pode mais discutir... Na verdade, essa discussão entre Hamlet e Horácio está presente em toda a peça. Hamlet é materialista; Horácio, cristão, ele acredita na imortalidade da alma, e se você não captar esses dois significados fundamentais, não pode compreender o debate metafísico e religioso presente em toda a peça.

MA: Eu tenho mais uma frase para você. Agora, de Maquiavel: "Deveis saber, portanto, que existem duas formas de se combater: uma pelas leis, outra, pela força. A primeira é própria do homem; a segunda, dos animais. Como, porém, muitas vezes a primeira não seja suficiente, é preciso recorrer à segunda. Ao príncipe torna-se necessário, porém, saber empregar convenientemente o animal e o homem".[2]

CVD: Trata-se de uma declaração terrível. Significa que no mundo em que vivemos não temos condição de ser totalmente humanos, por isso, também precisamos ser animalescos. O que estamos fazendo aqui é encontrar, e depois elucidar, com nossas próprias palavras, as frases essenciais num livro. Se não fizermos isso, não seremos capazes de captar o significado proposto pelo autor.

MA: Creio que, em livros expositivos, o autor ajuda a encontrar os significados essenciais, e nossa função não é bem encontrá-los, mas antes entendê-los.

---

[2] Maquiavel, *O Príncipe*. Col. Os pensadores. Trad, Lívio Xavier. São Paulo, Nova Cultural, 1991, p. 73.

Com frequência, nos livros aos quais você se refere – livros poéticos –, é mais difícil, pois o autor não sublinha as frases para você! Por exemplo, este livro que trata de uma questão atual, a crise do meio ambiente, de Barry Commoner, *The Closing Circle*. Repare, Charles, no que o autor escreve no centro da página: a primeira, a segunda lei; então, você logo sabe quais são as quatro leis. "Tudo está ligado a tudo", eis a primeira lei. A segunda: "Tudo se dirige a algum lugar". A terceira: "A natureza é sábia". E a última: "Não existe almoço grátis". O leitor não tem como deixar de acompanhar o pensamento do autor. Ainda assim, não é suficiente, elas são elípticas. O que significa "não existe almoço grátis", como lei básica da natureza?

CVD: Em parte, a indicação das frases essenciais feita pelo autor produz essa qualidade instigante de induzir o leitor a participar, a fazer uma pergunta e querer saber o seu significado.

MA: O resultado é excelente, já que você fica perplexo com essas frases elípticas e enigmáticas, e começa a ler cuidadosamente para descobrir o que significa "almoço grátis". Outros autores recorrem a procedimentos diversos. Por exemplo, na Idade Média, uma das grandes obras do século XIII, *Suma Teológica*, de Santo Tomás de Aquino, é enorme – e dividida em centenas de questões. A cada questão, o autor sempre indica sua resposta, e sempre começa dando a opção equivocada, à qual se seguem a primeira objeção, a segunda objeção... Tal procedimento mostra que ele está dando a resposta errada e, quando acaba, eu, ao contrário, encontro a resposta certa. Você não pode deixar de perceber o método do autor: depois de esclarecer quais são as respostas erradas, ele oferece as certas. Porém, uma vez mais, neste caso, é fácil encontrar as frases essenciais porque o autor ajudou o leitor; daí o desafio é entender o raciocínio do autor. O que fizemos no começo, nesse nosso jogo, ilustra o que deve ser entendido. Você tem que... Deixe-me voltar para acrescentar algo a nosso diálogo. Eu costumava aplicar prova oral no St John's College, em Chicago, e uma das razões pelas quais a prova oral é melhor do que a escrita é que o professor nunca pode perguntar ao aluno "o que você quis dizer com estas palavras?". Já no exame oral, o aluno com frequência repete palavras que leu num livro, e você diz: "Bem, senhor Jones, o que o senhor está dizendo é exatamente o que Hobbes disse, ou Darwin, ou Locke; agora, diga-me com as suas próprias palavras o que Locke, Hobbes ou Darwin queriam dizer". Daí o aluno se lembra das palavras perfeitamente, mas não pode se expressar com suas próprias palavras. Ele não entendeu a ideia subjacente à frase!

CVD: Ele só decorou o texto...

MA: Às vezes, ele pode ser bem-sucedido. E você diz: "Bem, senhor Jones, agora me dê um exemplo concreto". Ele não consegue. Sempre usei esses dois testes para ter certeza de que o aluno de fato entendeu o significado da frase-chave.

CVD: Você fala de alunos, mas, na realidade, isto é o que todo bom leitor deveria fazer.

MA: Aliás, todos os meus alunos são leitores.

CVD: Os exemplos que você deu desse tipo de teste são bons, em particular, para obras expositivas, por exemplo, filosofia, história e assim por diante. Contudo, poetas e dramaturgos têm formas diferentes de evidenciar as frases-chave ou as afirmações fundamentais nas suas obras. Em *Macbeth*, por exemplo, há uma troca de réplicas maravilhosa. Meu pai costumava me lembrar disso: o rei Duncan entra, logo depois de ordenar a execução de Lorde Cawdor, que era um traidor, e diz a respeito dele: "Não existe arte que ensine a ler no rosto as feições da alma. Era um fidalgo em quem depositava absoluta confiança". Eis uma bela afirmação: ele está lamentando a traição de Lorde Cawdor. A rubrica da peça é: "Macbeth entra".

De fato, Macbeth entra em cena nesse momento. É a frase que anuncia sua entrada; claro, em 24 horas, ele assassina o próprio Duncan. Macbeth era um homem em quem Duncan depositava confiança absoluta, mesmo assim ele o traiu muito mais do que Lorde Cawdor.

MA: Aí está o significado da frase; uma confrontação dramática.

CVD: E aí você entende que esse é exatamente o tema da peça. No início, Macbeth é um homem em quem se pode depositar confiança absoluta. Porém, sua corrupção e a diminuição da sua confiabilidade caracterizam o desenrolar da ação. Um poeta lírico faria isso de uma forma ainda mais diversa. Ele não dispõe do mecanismo da ação dramática, tem que fazê-lo com palavras, cujo som se torna muito importante. Existe um exemplo famoso em *Lycidas*, de Milton.

MA: Que eu li no Ensino Médio...

CVD: Todo mundo o leu na escola, mas nem todos o leram com o cuidado devido. Entre outras coisas, o poema é sobre o clero. De um lado, o clero corrupto, do outro, o clero honesto e devoto, pois *Lycidas* alude a um amigo de Milton que morreu muito jovem e teria sido um bom clérigo. Referindo-se aos maus clérigos, Milton fala sobre os seus sermões, e como as pessoas escutam esses sermões: "e, quando cantam, é galgaz, conspícuo canto, / guincho de débil flauta de danada palha".[3]

MA: "Grate"? Assim: g-r-a-t-e?

CVD: Sim, isso mesmo. Como ralar o queijo. O som, e o barulho, palavras que rilham nas suas mentes e não têm valor para os que escutam. Por outro lado, quando Milton finalmente fala sobre o próprio Lycidas, que

---

[3] Tradução Pedro Sette-Câmara.

é seu amigo, diz que, quando ele for para o céu: "o canto inefável das núpcias ouvirá / nos bentos reinos mansos de amor e alegria. / Ali goza dos Santos todos companhia / em legiões solenes, em conversas gaias".[4] Repare a diferença no som entre "in solemn troops and sweet societies" e "Grate on their scrannel pipes of wretched *straw*".

MA: Essas são palavras duras: "Grate on their scrannel pipes of wretched straw".

CVD: Nem se sabe o que significam! Ele pode ter inventado as palavras.

MA: Mas o som das palavras, você está certo, o contraste é evidente.

CVD: Esse contraste indica a diferença marcante das condições morais, e se você não o capta, não entende realmente um dos temas principais de *Lycidas*.

MA: Sabe, Charles, a ênfase que estamos dando às frases é algo secundário, porque a primeira coisa que você tem que fazer é captar as palavras importantes, que, em geral, são mais comuns nas frases-chave. No tocante às palavras, é preciso penetrar no seu significado; no que se refere às frases, significa entender o que está sendo dito. Dessa forma, você tem um segundo nível de interpretação: palavras ou termos, frases, proposições. Em seguida, claro, um terceiro nível, o da sequência das frases, que, num livro, colocadas juntas numa sequência formam um todo coerente – e isso tanto num livro de poesia quanto num texto expositivo.

CVD: E se você não consegue fazer isso, identificar os termos e as frases essenciais, e depois colocá-los juntos numa sequência, não conseguiu de fato entender o conteúdo do que leu.

---

[4] Tradução Pedro Sette-Câmara.

5º Diálogo

COMO LER LIVROS: PERGUNTAS A SEREM FEITAS SOBRE UM LIVRO

Mortimer Adler: Às vezes, Charles, um autor não coloca as frases em evidência para você. Em geral, se o fizer, ele as coloca no centro da página, como se dissesse: "Esta é a frase importante". Um livro muito difícil de ler é o *Contrato Social*, de Rousseau, porque foi escrito de maneira muito rigorosa.

Charles Van Doren: E com grande estilo.

MA: Você tem que encontrar suas frases principais. Li esse livro muitas vezes.

CVD: Quantas?

MA: Nos últimos 50 anos, acho que 20, 25 vezes. Ao longo desses anos, creio que encontrei as frases principais que, colocadas juntas, como se deve fazer, compõem o raciocínio do *Contrato Social*. Deixe-me ler o que escolhi como frases fundamentais no primeiro livro. A primeira vem da abertura do Capítulo 2: "A mais antiga de todas as sociedades, e a única natural"[1] – Rousseau enfatiza a palavra "única" – "e a única natural, é a da família; ainda assim só se prendem os filhos ao pai enquanto dele necessitam para a própria conservação. Desde que tal necessidade cessa, desfaz-se o liame natural".[2]

CVD: As palavras-chave são "natural" e "precisar".

---

[1] Jean-Jacques Rousseau, *Do Contrato Social Ensaio Sobre a Origem das Línguas*. Trad. Lourdes Santos Machado. Col. Os Pensadores. São Paulo, Nova Cultural, 1997, p. 55.
[2] Ibidem, p. 55

MA: Certo. A segunda frase vem da abertura do Capítulo 3 e mostra outro aspecto. Mas essas duas frases levam à terceira, à quarta e à quinta — e assim sucessivamente. Eis a segunda frase importante: "O mais forte nunca é suficientemente forte para ser sempre o senhor, a não ser que transforme a força em direito, e a obediência em dever".

CVD: Direito no sentido de legítimo, legitimação.

MA: Autoridade legítima, portanto. Tal ponto leva à próxima frase importante, na abertura do Capítulo 4: "Como homem nenhum possui autoridade natural sobre outro homem" — por natureza não há autoridade de um homem sobre outro homem — "e como a força não cria direitos, temos que concluir que as convenções formam a base de toda autoridade legítima entre os homens".

CVD: Porque a força não é capaz de criar uma autoridade legítima.

MA: E, finalmente, as duas últimas frases. Ele supõe que homens vivam num estado de natureza, não no estado da sociedade civil: "Creio que os homens chegaram ao ponto em que os obstáculos no caminho de sua preservação no estado de natureza demonstram que seu poder de resistência é maior do que os recursos à disposição de cada indivíduo para se manter nesse estado. Portanto, essa condição primitiva não pode mais se manter".

CVD: Isso significa que não podem mais viver naquele estado de natureza; caso contrário, perecerão.

MA: A natureza humana poderia perecer, a não ser que mudasse sua forma de existir. Agora, se você retomar a primeira frase, segundo a qual a família é natural porque precisamos dela para nossa preservação, então, esse estado também é natural, não é?

CVD: Porque precisamos dele.

MA: Tendo considerado esses estados como naturais e a ideia de que a força não cria direitos, a última dessas cinco frases coloca o problema a ser enfrentado: "Encontrar uma forma de associação que defenda e proteja a pessoa e os bens de cada associado com toda a força comum, e pela qual cada um"[3] – você e eu juntos, todos nós formando um estado – "unindo-se a todos, só obedece contudo a si mesmo, permanecendo assim tão livre quanto antes".[4] Agora, como resolver esse problema, evidentemente, é a grande questão.

CVD: O que você fez foi pegar todo o livro, o que são muitas páginas, e, em apenas, digamos, dez páginas, encontrar as frases-chave, que juntas resumem o argumento do livro. É uma coisa muito difícil de ser feita, Mortimer. E, provavelmente, muito difícil de acompanhar, a não ser que você já tenha lido o livro. Você deveria ficar com o texto na sua frente, fazendo o esforço necessário.

MA: Mas, ao mesmo tempo, se não fizer isso, você lê uma página depois da outra, sem construir nenhum raciocínio. Sabe, Charles, às vezes, na tarefa de encontrar as frases importantes do autor, você chega a situações bem diferentes. Nos exemplos que usamos até agora, a frase é desenvolvida de forma construtiva e acumulativa para obter um raciocínio para o qual cada uma contribuiu. Porém, às vezes, quando você lê um livro, encontra frases que o intrigam porque, em algumas páginas, o que o autor disse numa frase parece ser contraditório com o que diz na sequência. Aliás, veja que documento extraordinário para nossa discussão.

CVD: Qual?

---

[3] Ibidem, p. 69-70.
[4] Ibidem, p. 70.

MA: A introdução do documento redigido pelo Sindicato das Associações Profissionais dos Mecânicos da Filadélfia, de 1827, um dos primeiros documentos de um sindicato! No fundo, essas primeiras páginas estão escritas praticamente no tom da Declaração da Independência. Eis o que os mecânicos disseram: "As correntes da riqueza que correm em todas as direções e são despejadas e absorvidas pelos cofres dos improdutivos (ou seja, os capitalistas) não se erguem exclusivamente nos ossos, medula e músculos das classes trabalhadoras? O trabalho é o único produtor de riqueza". Ora, na página seguinte, afirmaram: "Não, hoje a riqueza é criada de forma tão fácil e abundante que os mercados do mundo estão transbordantes, e, em consequência disso, e do contínuo aumento do desenvolvimento do poder científico e tecnológico, a demanda de trabalho humano diminui de forma gradual e inevitável". Ouça isso! Eles disseram que o trabalho é o único produtor de riqueza, porém, na página seguinte, dizem que, por causa da tecnologia moderna, o trabalho humano é cada vez menos importante; ambas as afirmações não podem ser verdadeiras. Agora, a grande vantagem, que sempre gosto de enfatizar, ao encontrar uma contradição assim...

CVD: O que você faz?

MA: Excelente pergunta!

CVD: Você joga o livro fora?

MA: Pelo contrário! Você pensa: uma destas duas coisas deve ser verdade, já que ambas não podem ser igualmente verdadeiras.

CVD: Sem dúvida. As duas afirmações poderiam ser falsas? Se há uma contradição clara, uma das duas declarações tem que ser falsa e a outra verdadeira.

MA: Sim, as duas não podem ser verdadeiras. Entretanto, qual a verdadeira? Mais: algumas páginas adiante, os mesmos mecânicos disseram: "Tampouco é nossa intenção ou desejo impor preços injustos para o nosso trabalho. Tudo o que pedimos é um equivalente pleno e justo, a nossa parcela". Como começaram dizendo que eram os únicos produtores de riqueza, deveriam dizer que tudo deveria ser deles.

CVD: Eles deveriam ter tudo, claro.

MA: Este é um livro de Jacob Bronowski chamado *A Identidade do Homem*, não só dos homens, mas do resto da natureza. Bronowski começa esclarecendo sua tese essencial, ou seja, o homem é parte da natureza. Ele segue dizendo que isso significa que não há uma ruptura no *continuum* da natureza, o homem difere das outras coisas, mas é a mesma coisa, só que num *continuum* de níveis diversos. Trata-se somente de um pouco mais do mesmo, assim como ocorre com outros animais. Em seguida, na página 48, depois de ter construído todo um raciocínio relativo ao *continuum* da natureza, ele afirma: "A dádiva da humanidade é justamente que, ao contrário dos animais, formamos conceitos". Bem... Agora, se somente os seres humanos formam conceitos, e nenhum outro animal o faz, então, não se verifica esse *continuum* com o restante da natureza. Aqui, há uma diferença de espécie, porque se trata de diferença entre duas coisas que estão sendo comparadas, mas uma faz uma coisa que a outra não pode fazê-lo de forma alguma.

CVD: Isto é de fato uma contradição categórica, ou somos diferentes em termos de grau ou de espécie em relação aos animais, e você tem que escolher entre as duas opções. Depois de ter encontrado a contradição, você se confronta com a tarefa de escolher.

MA: Você pode não gostar de Bronowski, perfeito. No entanto, agora vou ler para você o texto de um grande cientista, George Beadle, que ganhou o prêmio Nobel por seu trabalho em genética e foi presidente da Universidade de Chicago. Penso num livro escrito com sua esposa, Muriel Beadle,

The Language of Life, e é ainda mais surpreendente, porque, na página 41, lê-se sobre o *Homo Sapiens*, nosso ancestral.

CVD: A espécie à qual eu devo pertencer.

MA: Ouça com atenção, porque eles estão usando palavras de uma forma ainda mais clara: "O *Homo Sapiens* não era diferente dos macacos em termos de espécie, nós tampouco, mas diferia muito em grau, tanto quanto os nossos descendentes. Se a linha humana sobreviver, podem ser diferentes de nós depois de uma quantidade de tempo equivalente ter passado". Estamos na página 41.

CVD: Certo.

MA: Na página 39, eles haviam escrito: "Mas, com a descoberta inicial de que é possível fazer ferramentas, nossa espécie apareceu no horizonte da evolução. Os macacos podem usar ferramentas, mas somente o homem pode fabricá-las". Não estou dizendo que está certo, mas, se for verdade que somente os homens podem fabricar ferramentas, e os macacos não podem fazê-lo, isso significa que há uma diferença de espécie, não uma diferença de grau. Duas páginas depois ele afirma que só há uma diferença de grau. Fico desorientado: não entendo como um grande cientista como George Beadle não tenha percebido que nessas duas páginas o argumento-chave se contradiz.

CVD: Você está dizendo que o livro é ruim?

MA: Não. O que estou dizendo é que mesmo com grandes livros, por exemplo, *Política*, de Aristóteles, surgem contradições sérias. Acho que Beadle é melhor do que Bronowski, e Aristóteles, melhor do que Beadle. Contudo, Aristóteles, no Capítulo 2 do Livro I de *Política*, propõe: "...e que o homem é naturalmente feito para a sociedade política".[5] E depois, no Capítulo 4:

---

[5] Aristóteles, *A Política*. Trad. Roberto Leal Ferreira. São Paulo, Martins Fontes, 2006, p. 4.

"O homem que, por natureza, não pertence a si mesmo, mas a um outro, é escravo por natureza...".[6] Ambos os pressupostos não podem ser verdadeiros. Ora, se os homens, todos, são por natureza políticos, e, portanto, capazes de fazer parte do governo, da vida política, como alguns podem ser por natureza escravos, e, portanto, incapazes de participar dessa mesma atividade política? A contradição é a coisa mais extraordinária, visto que, a não ser que você seja o escritor mais cuidadoso do mundo, pode, conforme mude o contexto da sua discussão, dizer coisas que não estão em harmonia ou coerentes com o resto do texto. Mas a tarefa do leitor, insisto, posso estar exagerando aqui, pois tendo a ser lógico...

CVD: De fato, você adora encontrar contradições!

MA: Você não as encontra? O que você faz com a sua mente quando está lendo um livro? Se não as encontra, você está de fato prestando atenção no raciocínio? E, no caso de Aristóteles, você precisa encontrar uma forma de reconciliar as duas ideias, ou tem que dizer que uma delas está errada em relação à outra. Ou o homem é por natureza político, o que neste caso significa que nenhum homem é por natureza escravo, ou alguns homens são por natureza escravos, daí não é verdade que os homens são por natureza políticos.

CVD: Encontrar contradições tem ainda outro propósito para o leitor. Quando você encontra uma contradição, descobre a dificuldade enfrentada pelo autor. Afinal, se o tema já estivesse totalmente claro para o autor, ele não estaria se contradizendo.

MA: Correto.

CVD: A contradição identifica um problema com o qual o autor está se debatendo e tentando resolver. Encontrar os problemas que o autor está tentando resolver mostra do que trata o livro.

---

[6] Ibidem, p. 11.

MA: Às vezes, o autor faz isso para você, às vezes, não.

CVD: Faz o quê?

MA: Declara qual é o seu problema. Concordo com você. Que faça isso ou não, sua tarefa é descobrir qual é o problema que o autor está tentando resolver. Rousseau, sobre quem já falei, faz isso bem na frase de abertura do livro. Não poderia ser melhor a frase inicial do *Contrato Social*. Vou lê-la para você. Ele diz, com palavras retumbantes: "O Homem nasce livre, e por toda parte encontra-se a ferros. O que se crê senhor dos demais, não deixa de ser mais escravo do que eles. Como adveio tal mudança? Ignoro-o. Que poderá legitimá-la? Creio poder resolver esta questão".[7] Ele explicita o problema: o que confere legitimidade ao governo dos homens. E a isso creio que posso responder. Contudo, você deve descobrir por si só, porque ele não responde. Acho que ele está perto da resposta, uma ótima solução para um problema muito difícil.

CVD: Você tem que saber o que o autor está tentando fazer para ser capaz de julgar se ele o fez, e este é, evidentemente, o primeiro passo da crítica. Agora estamos indo para outra fase.

---

[7] Jean-Jacques Rousseau, *Do Contrato Social Ensaio Sobre a Origem das Línguas*. Trad. Lourdes Santos Machado. Col. Os Pensadores. São Paulo, Nova Cultural, 1997, p. 53.

6º Diálogo

COMO LER LIVROS: REAGIR AO AUTOR

Charles Van Doren: *O Mal-Estar na Civilização*, de Freud, é um dos meus livros favoritos; acho que é uma grande obra, mas isso não quer dizer que não apresente problemas. Há algo de profundamente inquietante nesse livro, que acabei de reler: O fato de depender muito da analogia entre o macro e o microcosmo, entre a história do homem vista como um todo e a história de um único indivíduo, o desenvolvimento da criança num ser humano. Tal analogia é muito perigosa para servir de base para todo um livro.

Mortimer Adler: Aliás, muitos autores a usam.

CVD: Claro que sim, e sempre que a usam pode ser sugestivo e útil, mas é melhor não depender totalmente dela. O que estou dizendo é que tal problema pode ocorrer mesmo no caso de um grande livro de um grande autor – e não há dúvida de que seja o caso de Freud. O que estou dizendo é que qualquer livro pode ser criticado, ou seja, julgado tanto de forma desfavorável quanto favorável.

MA: Em primeiro lugar, eu gostaria de propor, pelo menos é o que penso, que as regras para criticarmos um livro devem ser muito bem conhecidas. Vou dar um exemplo. Não só escrevo livros, como ministro muitas palestras, que, em alguma medida, é como escrever um livro. Logo, ouvir uma palestra evoca o ato de ler um livro um pouco mais curto, e, por assim dizer, mais compacto. Algumas vezes, quando conheço o público, como o do St John's College, onde ministro palestras todos os anos, no começo da discussão, espero que os alunos sejam críticos, e muitas vezes, até mesmo hipercríticos, com o objetivo de destruir meus argumentos. Eu digo a eles: "Vejam, vocês ouviram uma palestra sobre essa discussão pela primeira vez. Antes que comecem a me criticar, façam a seguinte pergunta: 'Senhor Adler, se entendi bem, o senhor disse *tal coisa*?'".

CVD: "Se entendi bem, o senhor disse *tal coisa*?"

MA: Sim, ele termina a frase. Eu digo não, não foi o que eu disse. Nesse caso, deixe-me esclarecer o que quero dizer. Só quando você chega ao ponto em que, depois de perguntar "Se entendi bem, o senhor disse *tal coisa*?", e quando respondo "Isso é exatamente o que quero dizer", só então você tem o direito de continuar e criticar. Entender o que um autor ou um orador diz é fundamental para poder concordar ou discordar. É indiferente se você concorda ou discorda; concordar com o que você não entende é uma insensatez, assim como discordar do que você não entende é uma impertinência. Portanto, se quiser evitar uma insensatez ou uma impertinência, não diga que concorda ou discorda até ter certeza de que entende o argumento em voga. Agora, o palestrante tem uma chance, ou seja, posso fazer que me façam a pergunta e dizer "não, eu não disse isso, não quis dizer isso", mas o pobre autor fica, em geral...

CVD: ... à mercê da impolidez do leitor. Há certas regras que poderíamos chamar de etiqueta intelectual, regras necessárias para qualquer tipo de crítica. Uma delas é que você não tem o direito de criticar, concordar ou discordar, até realmente entender o autor. E a outra é que você deve tentar não ser polêmico ou belicoso.

MA: Criticar só pelo gosto de criticar.

CVD: É o que mais se faz!

MA: Algumas pessoas chegam a dizer: "Não sei sobre o que o senhor está falando, mas acho que está errado".

CVD: E, finalmente, a última regra da ética intelectual é que se deve saber qual é a diferença entre conhecimento e opinião pessoal. Se você vai discutir com um autor, e se for discordar dele, deve ter razões muito claras, em vez de simplesmente não "gostar" do que ele propõe.

MA: Quando se começa a dizer que o outro está errado, você precisa ter boas razões para dizê-lo. Deixe-me acrescentar algo. Um velho amigo me disse, certa vez, que não há sentido em ganhar uma discussão quando você sabe que está errado. Muitas pessoas tentam ganhar uma discussão mesmo sabendo que estão equivocadas, e, talvez, em algum momento, em termos práticos, há dinheiro envolvido, ou uma questão de poder. Porém, quando se trata de compreensão, não faz sentido ganhar uma discussão quando você sabe que não tem razão.

CVD: Porque, neste caso, você já perdeu. Há quatro aspectos em que um autor pode falhar na realização das suas obrigações.

MA: Mas só depois de compreender o autor.

CVD: Depois de compreendê-lo, claro. Aí, você tem o direito de julgá-lo em relação a quatro critérios.

MA: Quais?

CVD: O primeiro é que ele pode estar desinformado em relação a fatos fundamentais.

MA: O que significa que, se os conhecesse, mudaria seu raciocínio.

CVD: Sim, isso mesmo. Você descobriria isso lendo e questionando-o.

MA: Vamos dar um exemplo. Darwin era, creio, desinformado sobre as leis da genética.

CVD: Ele não poderia ter conhecido os estudos de Mendel.

MA: Entretanto, sua desinformação nesse campo não se refere ao desconhecimento das leis da hereditariedade, encontra-se, sobretudo, na análise da origem das espécies.

CVD: Aquino e Ptolomeu não poderiam saber o que Galileu descobriu com seu telescópio, ou seja, que os corpos celestes, na realidade, mudam de muitas formas. Pelo contrário, eles pensavam que os corpos celestiais, as estrelas eram imutáveis.

MA: Eles pensavam que os corpos celestes, os corpos acima da Lua, as estrelas e o Sol, só mudavam de lugar, submetiam-se somente ao movimento local. Agora sabemos que se alteram de muitas formas. Aristóteles cometeu erro semelhante ao lidar com a reprodução animal. Ele achava que o macho era o fator ativo, só sabia a respeito do sêmen, nada acerca do óvulo; não sabia que, na verdade, a fêmea era o receptáculo para a implantação do fator positivo do macho. Aristóteles não sabia disso: simplesmente não havia microscópio na Grécia clássica!

CVD: Nesse caso, acho que se trata mais de desinformação. Tal é o segundo elemento; o segundo aspecto em que o autor pode se enganar, sobre o qual poderia ser criticado. Acho que se Aristóteles tivesse se dedicado à questão "mulher" buscando compreender mais e mais, talvez tivesse entendido o que você mencionou.

MA: Tenho que corrigir você. Ele não estava lidando com homens e mulheres, mas, sim, com machos e fêmeas, isto é, com a espécie.

CVD: Certo: não vou discutir com você sobre Aristóteles e mulheres... Aqui, um exemplo de desinformação do autor que se refere a uma informação muito relevante. Vejamos o impacto das obras de Freud, quando surgiram inicialmente no fim do século XIX e no início do século seguinte. Ele enfatizava que todos os livros escritos até então sobre crianças estavam totalmente equivocados, pois sempre partiam do pressuposto de que as crianças eram totalmente inocentes em relação a sentimentos sexuais. Contudo, as crianças, tal como Freud as conhecia somente por sua observação, como todos nós sabemos ao olhar retrospectivamente e analisarmos nossa própria infância, se preocupam bastante com a questão da sexualidade. Eis uma desinformação intencional, similar à de Aristóteles em relação à questão da mulher.

MA: Em geral, isso é um tipo de crítica. Mas você não tem o direito de dizer que discorda de um autor por ser desinformado ou mal informado, a não ser que cite o capítulo e o trecho, e mostre em relação ao que ele está desinformado, esclarecendo qual é a informação.

CVD: Você precisa ter capacidade para fornecer, você mesmo, essa informação.

MA: Às vezes, os autores cometem erros lógicos em sua forma de raciocinar, ou dispõem de poucas informações. Deixe-me dar um exemplo, de um autor que você admira, Maquiavel. Numa só frase, sintetizamos nosso diálogo.

CVD: Creio que o que admiro nesse autor é sua verve e a lógica do argumento. Mas, de qualquer forma, continue.

MA: Pensemos na frase: "E as principais bases que os Estados têm, sejam novos, velhos ou mistos, são boas leis e boas armas. E como não podem existir boas leis onde não há armas boas, e onde há boas armas convém que existam boas leis".[1]

CVD: Um grande absurdo.

---

[1] Maquiavel, O Príncipe. São Paulo, Nova Cultural, 1991, p. 49.

MA: Totalmente absurdo. Não se conclui de forma alguma que onde exista boas armas também haja boas leis. Temos aqui uma declaração surpreendente de um homem tão perspicaz quanto Maquiavel. Há um quarto ponto, eu digo: todo livro está sujeito à crítica, porque os homens são falíveis, logo, os autores também o são. Mesmo quando um autor não cometeu erros relativos a fatos, e não é desinformado nem mal informado, e mesmo que o seu raciocínio sempre seja coerente; em suma, que tenha boa lógica, se ele for bom em todos os aspectos, sempre é possível dizer que sua análise é incompleta; dizer que é completa já seria dizer muito. Visto que se pode dizer isso a respeito de qualquer escritor, não faz sentido dizê-lo a menos que você diga especificamente do que se trata e indique exatamente o que está incompleto. Deixe-me dar uma ilustração disso. Ambos, o grande poeta italiano Dante e o grande filósofo político Thomas Hobbes, alegam que a paz, a paz civil, requer governo. Onde não há governo não há paz, porque é através do governo que as controvérsias são resolvidas, recorrendo à justiça, e não à força. Apesar disso, Hobbes chega a uma conclusão, a partir dessa premissa, diferente da de Dante. O poeta afirma: "se vai haver paz no mundo, então vai haver paz mundial, deve haver governo mundial", por sua vez, pensa que, "visto que os soberanos se encontram um diante do outro num sistema de anarquia, não num estado de governo de lei, a guerra entre os soberanos é uma condição permanente".

CVD: A tragédia é que Dante disse isso quatrocentos anos antes de Hobbes dizê-lo, e Hobbes poderia ter aprendido com Dante, pois não foi capaz de descobrir por si mesmo.

MA: Penso com frequência, em particular ao falar sobre grandes livros, lendo-os e falando sobre eles, que, se cada nova geração tivesse de fato lido e entendido as grandes obras da geração anterior, muitos erros e falhas teriam sido evitados. Infelizmente, não é o que ocorre.

CVD: Bons autores merecem bons leitores, mas um bom leitor ajuda a fazer bons autores, desde que lhes demande determinadas coisas.

MA: Retomando o exemplo que usei no começo, a respeito do palestrante e do público, não teria gostado de dar palestras durante toda minha vida se não tivesse aprendido com elas. E eu aprendi. Detesto dar palestras que não sejam seguidas por um debate. Eis uma boa regra que se aplica a essa discussão: diga-me primeiro se você me entendeu e diga algo a partir do que eu disse. Porque, quando isso é feito adequadamente, aprende-se muito. Quase sempre, quando estou planejando escrever um livro, primeiro, exploro a ideia na forma de palestras, para ter do público exatamente esse tipo de crítica: "Eu entendo o que você está dizendo", "você não percebe que cometeu um erro aqui?", "você não está vendo que isto ou aquilo está incompleto?". Assim, aprendo com meus leitores, com meu público. Porque não se pode aprender de outra forma.

CVD: Acho que é verdade. Mesmo assim, hoje em dia, a maioria dos autores não pode contar com essa forma de ajuda de críticos profissionais que deveriam estar realizando esse tipo de trabalho.

MA: Certo. Acredito que a crítica atual é de um nível muito baixo, e penso conhecer o motivo. Quando leio resenhas de livros que se tornam sucesso de vendas... Vou dar alguns exemplos: *The Greening of America* e *Future Shock*, muito elogiados pelas coisas ultrajantes que disseram, porque fizeram asserções extremamente violentas. A questão é que os críticos nunca disseram: "Isso é verdade?". E penso que, na maioria das críticas que leio, os críticos não perguntam primeiramente, a respeito do livro, se o que o autor está dizendo é verdade, pois, só depois que você disser: "sim é verdade", faz sentido dizer seja lá o que se diga sobre o mesmo livro.

7º Diálogo

COMO LER LIVROS: CLASSIFICAR LIVROS

Mortimer Adler: Raymond Chandler. Seus livros são narrativas.

Charles Van Doren: Amy Vanderbilt, *Livro Completo de Etiqueta*.

MA: Um livro de consulta, coloque-o ali. Thomas Mann, *A Morte em Veneza* – um romance.

CVD: *My Life on the Plains*, General Custer.

MA: Biografia!

CVD: Se não for totalmente ficcional, eu lhe darei o livro.

MA: Este é um dicionário, eu o classificaria como livro de consulta. Truman Capote, ficção ou relato verídico?

CVD: Verídico. As obras de Thomas Paine? Filosofia política. *Obras Completas de Abraham Lincoln*? De igual modo, filosofia política.

MA: *Poems and Songs*, de Robert Burns.

CVD: Este fica aqui! *Gargântua e Pantagruel*: um romance.

MA: *Los Angeles Blue Book*, um "anuário da elite social local". É um livro de consulta. *The Arms of Krupp*, livro de ciências sociais, mas do tipo popular, desses livros que lidam com assuntos da atualidade.

CVD: O que estamos fazendo aqui é, em primeiro lugar, dividir todas as obras de ficção, digamos, livros imaginativos, deste lado, e, deste outro, os livros expositivos.

MA: Ernest Hemingway, *As Torrentes da Primavera*: romance. *1984*, de George Orwell: romance. *Ascensão e Queda do Terceiro Reich*. Este não é romance, porém de ciências sociais.

CVD: *A Selva*, de Upton Sinclair: romance.

MA: Este praticamente não é um romance.

CVD: Sei disso, você tem razão.

MA: O que você faz com um manual de conversação em francês?

CVD: Livro de consulta. Não! Este é um livro prático.

MA: Boa ideia. *1601*: como classificar este?

CVD: É um romance de Mark Twain.

MA: *A Origem das Espécies*: ciências naturais.

CVD: Newton? Ciências naturais.

MA: Eis uma grande obra: *Principia Mathematica* — Princípios matemáticos de filosofia natural.

CVD: Um volume da *Enciclopédia Britânica*. Livro de consulta.

MA: Aqui temos outro que deve acompanhar os livros de consulta, *Britannica World Atlas*.

CVD: De acordo.

MA: O que você faria com *Ensaios*, de Francis Bacon? Filosofia.

CVD: Certamente. Este aqui deve ser outro de ciências.

MA: Não, é de matemática.

CVD: Este não vai junto com os de ciências naturais?

MA: Não, pois vou fazer uma pilha separada só para livros de matemática.

CVD: O que suas pilhas representam aqui?

MA: Quatro ou cinco tipos diferentes de livros expositivos; a distinção básica reside entre livros práticos, livros que nos dizem como agir, que ensinam como fazer algo; e os teóricos. Eu os dividi em história, ciências sociais, ciências naturais, filosofia e matemática.

CVD: *El Greco*. Como classificar este livro?

MA: Depende. É difícil decidir.

CVD: Vejamos: é um livro imaginativo, pelo menos, de certa forma.

MA: Eu o chamaria de "livro de mesa"; por assim dizer, um não livro.

CVD: Vou colocá-lo em poesia.

MA: *Who is Who in America*. Um livro americano de consulta.

CVD: A propósito, tenho três pilhas de livros: literatura imaginativa, ficção, contos e romances; poemas; e, por fim, dramaturgia.

MA: *Ascensão da Civilização Americana*. É um livro de história.

CVD: Ernest Hemingway, *Contos*: claro, ficção.

MA: Anne Morrow Lindbergh, *Presente do Mar*. O que você faria com este livro?

CVD: Não sei, Mortimer; filosofia, não é? Uma espécie de filosofia popular. O que temos aqui? *Poesia Britânica Moderna*. Este certamente vai para a estante de poesia.

MA: Jane Austen, *Orgulho e Preconceito*.

CVD: Romance! Olhe: *Imitação de Cristo*.

MA: Um livro de teologia.

CVD: Como classificá-lo? Filosofia?

MA: Sim.

CVD: Por quê?

MA: Filosofia e teologia são "ciências" não empíricas, isto é, não usam experiências ou investigações. São bem diferentes entre si, mas também são diferentes das ciências sociais e das ciências naturais.

CVD: *The Life of William Bennett*.

MA: Uma biografia. *Robinson Crusoé*? Ficção.

CVD: Sim. Veja este aqui: *Como Ler Livros*, de Mortimer Adler e Charles Van Doren.

MA: Um livro prático!

CVD: O que você tem aí?

MA: Platão. Sem dúvida, filosofia.

CVD: Talvez seja poesia...

MA: Não, não, não, Charles, este é um livro de filosofia!

CVD: *Viagem para as Ilhas Ocidentais da Escócia*, de Samuel Johnson – uma autobiografia.

MA: Coloque nesta pilha aqui. *A Preparação do Ator*, do autor russo, ele próprio ator, Stanislavski. É um livro prático.

CVD: Acho que sim, fica junto com *Como Ler Livros. Peck's Bad Boy and his Pa*, um compêndio de brincadeiras, acho que fica com os contos.

MA: Um livro de *Spirituals* americanos. Poesia.

CVD: Poesia e música.

MA: *Vênus e Adonis*: poesia.

CVD: Sim: é de William Shakespeare.

MA: *The Peter Principle*. Ciências sociais, porém, um pouco elevado.

CVD: Tenho um livro volumoso para você, Mortimer. O que é isto?

MA: *Abel Janszoon Tasman's Journal*. Tenho que abrir para descobrir de que se trata. É um livro de viagens! Aliás, um livro magnífico sobre viagens e descobertas.

CVD: Então é como o livro do General Custer.

MA: Sim.

CVD: *Guia Michelin*: livro de consulta. O que é isto?

MA: *1974*.

CVD: Não é o anuário de alguma escola?

MA: Não é um livro de consulta, é um não livro; coloque-o no chão. *Nicholas e Alexandra*. É um livro de história.

CVD: Então, vai para este outro lado. *Mickey Mouse Movie Stories* pertence às narrativas. *Crime e Castigo:* claro, romance.

MA: *Poemas*, de Browning.

CVD: Poesia.

MA: *Lista telefônica de Los Angeles*: coloque em livros de consulta. *História da Revolução Francesa*, de Thomas Carlyle, é um livro de história.

CVD: Como classificar um livro que diz "passo a passo"? (...)

MA: Um livro prático, do tipo que ensina "como fazer" algo. *The Mysterious Universe*, de Sir James Jeans, é de ciência natural.

CVD: *Bíblia Sagrada*.

MA: Eis um livro especial! Vou colocá-lo aqui, é *sui generis*, ficará sozinho.

CVD: Ernest Hemingway, *História de uma Vida*.

MA: Biografia.

CVD: *Os Últimos Dias de Pompeia.* Este é de história.

MA: História? Não! É um livro de ficção.

CVD: Romance.

MA: Mas poderia ter sido história.

CVD: Sim.

MA: Tenho um livro para você. O que você faz com o livro de Lewis Carroll, *Alice no País das Maravilhas*?

CVD: Poderia ser muitas coisas: matemática, fábula, mas, digamos, um romance.

MA: E este? *Living Off the Country: How to Stay Alive in the Woods.*

CVD: Como sobreviver? Um livro prático.

MA: O *Alcorão* fica junto com a *Bíblia*.

CVD: *Interpretations of Life*, de Will Durant.

MA: Pertence a um tipo menor de filosofia.

CVD: *Astrology.* É de Louis MacNeice. Um não livro? De acordo, um livro de história. *Papillon*, de Henri Charrière.

MA: Ficção, suponho.

CVD: Em princípio é uma autobiografia. Você quer colocar como ficção?

MA: Vou colocar em história, biografia.

CVD: A propósito, eis O *Imperador Jones*: uma peça.

MA: *The Living Sea*, Burton, é de biologia.

CVD: O *Diário*, de Samuel Pepys, é uma autobiografia. *Coletânea de Poemas*, de Robert Frost; em relação a este não há dúvida. Poesia!

MA: Restam dois livros, que são especiais. E a razão disto é que são livros sagrados, que devem ser lidos de uma forma diferente de todos os outros, quer você os leia como um crente ou não.

CVD: De acordo: vamos deixá-los numa pilha separada.

MA: Tudo o que temos aqui são livros de leitura imaginativa. Você pode dizer novamente quais são as suas três pilhas?

CVD: Aqui: ficção, contos e romances; esta é de poesia e esta de dramaturgia.

MA: E a partir desta linha, só temos livros expositivos; livros que esclarecem, trazem conhecimento, opiniões, ou são instrutivos, no sentido de ensinar como fazer determinadas coisas. Os livros instrutivos deste tipo, práticos, são guias que conduzem à ação ou que ensinam como fazer algo. Depois, temos biografia e história, ciências sociais e ciências naturais, matemática e filosofia, especulativa e prática. Bem, este tipo de classificação também é empregada na publicação de grandes livros. Colocamos essas cores na capa; todos os livros com essa cor dourada são de leitura imaginativa, poesia, peças teatrais, romances. Os de capa de cor vermelha são de filosofia e teologia; os que têm a cor azul são de história e ciências sociais; e os que têm a cor verde são os de ciências naturais, matemática e biologia.

CVD: Depois, temos os livros de consulta ali. Mortimer, de fato, estivemos até agora classificando livros. Mas não fizemos isso simplesmente por diversão, há um propósito que é real.

MA: A razão é que, a meu ver, ler um livro implica fazer três ou quatro questões fundamentais: De que trata o livro como um todo? Como ele diz o que diz detalhadamente? O que ele diz é verdadeiro? Essas são questões gerais que podem ser feitas a respeito de praticamente qualquer livro.

CVD: Em relação a qualquer livro?

MA: Sim, qualquer livro. Exceto talvez os de consulta. Sabe, não se faz esse tipo de pergunta em relação a esse tipo de livro; não se pergunta isso a respeito de um anuário social ou de uma lista telefônica! Mas todos esses outros livros...

CVD:... pode-se perguntar se o que afirmam é verdade?

MA: Sim. E também acho que não se pergunta isso sobre os não livros, os "livros de mesa". Mas qualquer livro sério, qualquer livro que valha a pena ser lido para aumentar sua compreensão, seu conhecimento, requer que essas perguntas sejam feitas. Mas você não pode perguntar da mesma forma em relação a todos os livros! Por exemplo, vejamos os de poesia. Ora, a verdade poética é diferente da verdade científica. Se há uma verdade, sem conhecer a especificidade do livro a respeito do qual se pergunta, você estará cometendo um erro. Da mesma forma...

CVD: Por exemplo, vejamos aquele livro, *Papillon*, a partir do qual foi feito o filme. Se você o colocar neste lado da linha, junto com os livros expositivos, você tem que fazer outros tipos de pergunta sobre a verdade, diferentes das que seriam feitas se ele estivesse classificado como um livro de ficção.

MA: É por isso que o que você fez em relação a Custer também foi significativo. Se ele estivesse em ficção, você não se preocuparia com a verdade histórica.

CVD: Se você o coloca em ficção, não se preocupa se é verdade ou não. Mas há um sentido pelo qual um livro de ficção é verdadeiro ou não, se é verdadeiro em relação à vida, às experiências que todos conhecemos. Como você lê um livro de filosofia? Como o aborda? Poderia dizer, numa frase, como você lê um livro desse tipo?

MA: No caso da filosofia, não estou certo se há uma diferença entre filosofia e ciência. A coisa mais importante a descobrir ao ler um livro é o problema que o autor está tentando resolver. Às vezes, o autor o esclarece, mas nem sempre o faz. Sem saber qual é o problema central do autor, seu objetivo como solucionador de problemas não se realiza, pois não se pode ler o livro com o cuidado necessário.

CVD: No que se refere à história, em particular, a história contemporânea, eu diria que você deve ter um olhar de dúvida, deve ler com uma certa reserva, perguntar-se a partir de que posição o autor escreve, quem está tentando convencer, persuadir. Porque muitos livros de história contemporânea são escritos com um objetivo determinado. E, em relação à ciência, o que você diria?

MA: Bem, depois de saber qual é o problema, deve-se procurar saber como as provas foram reunidas, as experiências realizadas, os fenômenos observados. Isso ajuda a resolver o problema. Deve-se ver como o cientista trabalha indutivamente a partir das provas para a generalização de uma teoria que resolva o problema inicial.

CVD: Ou seja, você tem que repetir a experiência?

MA: Não. Se ela está bem descrita, não.

CVD: Não é preciso ir ao laboratório. Você pode ler Newton sem ter que verificar nada. E no caso da matemática?

MA: Não. Newton descreve as experiências para você. Em *Óptica*, por exemplo, há diagramas, e ele mostra como eles funcionam. Bem, com a matemática é diferente, pois o que se buscam são demonstrações, e é necessário compreender sua lógica interna.

CVD: Entendo: a fim de perceber se o livro é coerente ou se se contradiz de alguma forma. No caso de um romance, a situação é muito diferente. Toda a literatura imaginativa você lê com paixão, totalmente envolvido com a sua personalidade, desde a cabeça, o coração, até os pés. Você se envolve completamente.

MA: É exatamente o contrário dos livros expositivos, que você lê inteiramente com a cabeça.

8º Diálogo

COMO LER LIVROS: COMO LER OBRAS DE FICÇÃO

Charles Van Doren: Mortimer, há um diálogo famoso entre Dante e Picarda no Paraíso. Dante descreve a sua jornada ao Paraíso na *Divina Comédia*. Ele encontra Picarda lá e lhe diz que está num lugar mais baixo e distante no Paraíso: "Mas conta-me se acaso estão felizes, ou se aspiram a voar mais alto ainda, por ver melhor as célicas raízes?" E ela responde...[1]

Mortimer Adler: ...mais no assento da frente, por assim dizer!

CVD: Sim, mais na frente. E ela responde:

> O nosso anseio, irmão, se aquieta ao bem
> da caridade e o faz por entender
> que o que temos nos basta e nos convém.
>
> Se fôssemos movidos a ascender
> longe estaria em nós nossa vontade
> da vontade que aqui nos quer manter;
>
> o que não pode ser, na realidade,
> nesta etérea paragem, submetida
> ao bem por sua própria, co'ela unida.

---

[1] Dante Alighieri, *Divina Comédia*. Paraíso, Canto III. Trad. Cristiano Martins. Belo Horizonte: Editora Itatiaia, 2006, p. 606.

> Por isto a natural distribuição
> de céu em céu, ao reino inteiro apraz,
> e apraz ao rei da universal criação.
>
> Sua vontade é para nós a paz...[2]

MA: Você poderia dizer o último verso em italiano?

CVD: *Sua volontà è nostra pace*. Provavelmente, o verso mais famoso da *Divina Comédia*. A vontade Dele, a vontade de Deus, é nossa paz. Os leitores, ao longo de setecentos anos, reagiram das formas as mais variadas a esse verso e a noção a ele subjacente.

MA: Matthew Arnold disse que esse verso era a pedra de toque de toda a poesia.

CVD: O verso mais bonito de todos! T. S. Eliot acredita que é o verso mais bonito da poesia. O que você acha disso?

MA: Isso sempre me tocou muito profundamente. Em primeiro lugar, essa cena no Paraíso com todos os santos, as almas que são salvas ao redor da visão de Deus, mas algumas mais distantes e outras mais próximas. E essa pergunta de Dante: "Você não gostaria de mudar para um lugar com uma visão melhor?", e a resposta dela, e me permita dizê-lo com as minhas palavras: "Qualquer lugar, contanto que a minha vontade se adapte à Dele. O que Lhe agrada é a minha paz". Esta é uma das cenas mais comoventes de toda a literatura.

CVD: Acho que por muitos anos concordei com você. Porém, devo confessar que recentemente há algo rebelde em mim que diz: "não quero que a minha vontade esteja de acordo com a de ninguém, nem mesmo a de Deus".

MA: Você não faz parte do Paraíso?

---
[2] Ibidem, p. 607.

CVD: Talvez não, Mortimer.

MA: Desculpe-me se o digo, mas tampouco tenho certeza de que você faça parte do Inferno, mas do Paraíso você não faz parte!

CVD: A questão é que, mesmo para os maiores autores da literatura imaginativa, os leitores podem ter reações discordantes. Eu diria que você teve uma reação discordante em relação a dois contos do Hemingway que lhe dei para ler.

MA: Sim, eu os li ontem à noite.

CVD: Um deles é "O Velho na Ponte", um conto de três páginas, extremamente simples. É sobre um velho homem que o autor encontrou na ponte durante a Guerra Civil espanhola. Ele é tão velho que não pode fugir, e certamente será esmagado pelo inimigo, que em breve chegará. Qual a sua opinião sobre o conto?

MA: Tenho de admitir que não me comoveu. O velho homem é nitidamente um caso sem solução; você tem razão, preocupado com os animais que deixou para trás, e, de certa forma, contente por saber que o gato se viraria sozinho, mas os pássaros talvez não.

CVD: Os pássaros não, as cabras!

MA: As cabras, isso. Quase não é um conto. Para mim, a história é muito curta. É um pequeno esboço, não é o tipo de ficção que gosto de ler. Já a outra história é um pouco mais longa.

CVD: A outra história é mais famosa, "Um Lugar Limpo e Bem Iluminado", em que dois homens desesperados entram em contato.

MA: Duas vidas vazias.

CVD: Um deles está desesperado porque está velho, sua mulher morreu e ele não tem nada para fazer a não ser esperar a seu turno. O outro está desesperado por razões que não são descritas na história, a não ser as que são eloquentemente afirmadas por ele, ou seja, seu desespero e seu vazio ficam manifestos...

MA: O mais velho dos dois garçons.

CVD: O mais velho dos dois garçons... Em sua incrível transformação do Pai-Nosso, na qual ele diz: "Ó *nada nosso* que estais no *nada, nada* seja *o* vosso nome, *nada* a nós o vosso reino *e* seja *nada* a vossa vontade, assim no *nada* como no *nada*". Hemingway escreveu *nada* no original.

MA: Tenho de admitir que essa passagem me tocou, porque é uma espécie de paráfrase do Pai-Nosso.

CVD: Trata-se de uma paráfrase totalmente niilista e, enquanto tal, é uma das passagens mais famosas na literatura moderna. Contudo, nenhum dos contos realmente o tocou.

MA: Deixe-me ver se posso lhe dizer o por quê. No fundo, é o tipo de ficção, ou seja, tendo para o extremo oposto; para mim, esses são contos muito curtos. Vou pegar um livro que talvez seja um dos mais longos que já foram escritos, *Guerra e Paz*, de Tolstói. E da mesma forma que Matthew Arnold usa o verso de Dante, "e a Sua vontade é a nossa paz" como a pedra de toque da poesia, eu usaria *Guerra e Paz* como referência de uma obra de ficção bem-sucedida, uma grande narrativa histórica. E a razão pela qual vejo *Guerra e Paz* como um dos melhores livros já escritos é porque Tolstói cria para mim todo um mundo, um mundo que ele propõe, não um mundo real, mas um mundo que se torna mais real para mim do que qualquer mundo em que vivo. Na realidade, li *Guerra e Paz* pela última vez durante o ataque alemão em Stalingrado, quando os jornais estavam vociferando, publicando manchetes de repulsa; mesmo assim eu estava lendo *Guerra e Paz* e revivendo a Batalha de Borodino. A leitura era mais real para mim do que o ataque em Stalingrado. É aí que a ficção me atrai, ao inventar um mundo de ponta-cabeça, e, mesmo assim, ele se torna mais real do que o mundo em que vivo todos os dias. Que conto poderia oferecer algo similar?

CVD: Os contos podem me oferecer tal sensação. É preciso mil páginas para que um autor lhe ofereça o mesmo, mas não acho que tal sensação aconteça em cada uma das mil páginas.

MA: *Tom Jones*, de Henry Fielding, faz o mesmo.

CVD: Sabe, isso já acontece comigo em três páginas.

MA: Como você o consegue?

CVD: É porque estou disposto a deixar que aconteça.

MA: Você está dizendo que não estou disposto? Eu estava bem acordado quando li os contos!

CVD: Você estava acordado, mas não sensibilizado para a leitura. Não estava pronto para ser arrebatado no primeiro parágrafo, na primeira frase, como deve estar ao ler um poema lírico. Você deve imediatamente ficar aberto à possibilidade, mas tem que fazê-lo com o conto também. Você não está lendo um conto, é uma história que tem de deixar evoluir rapidamente para poder se envolver.

MA: Não sou um velocista, sou um corredor de longas distâncias!

CVD: É verdade. Por isso, você está resistindo ao que o autor está tentando fazer.

MA: Não acho que eu estivesse relutante. Não creio que estava evitando me envolver com os contos. Eu os li com empenho, e com boa vontade, mas me parecem sem interesse.

CVD: Creio, porém, que havia uma profunda relutância, aliás, o mesmo ocorre com muitas pessoas. A propósito, poucas pessoas concordariam com você sobre esses contos de Hemingway. Os dois são muito conhecidos, famosos, histórias muito apreciadas. Contudo, acho que muitas pessoas têm certa resistência, elas não gostam de ficar abertas assim. Por exemplo, quando as leitoras costumam se recusar a se apaixonar pelas heroínas, ou mesmo pelos heróis. Eu sei muito bem, quando começo a ler um romance, que vou me apaixonar pela heroína. Eu me apaixono intensamente nas primeiras 25 páginas, e isso de fato acontece. Ler um romance para mim se torna algo extremamente envolvente. Eu me deixo levar facilmente.

MA: Eu também me apaixono. Em *Guerra e Paz* me apaixonei por Natasha.

CVD: Apaixonar-se pela heroína é somente uma das formas pelas quais o leitor pode, e deve, participar do livro que está lendo. Romance, conto, ou poema, por exemplo, um leitor pode, e deve, compartilhar os triunfos e os sucessos dos personagens. Em *Tom Jones*, por exemplo, não somente me apaixonei por Sophia Western, sua amada, mas também compartilhei as angústias de Tom e seus sucessos na conquista final, inclusive Sophia, devo dizer. No caso de *Orgulho e Preconceito*, fico muito feliz que Elisabeth e Darcy fiquem juntos no final, compartilhei a felicidade deles. Eu posso compartilhar o prazer da vitória da justiça num romance; na realidade, um romance só é bom quando a justiça é feita corretamente. Uma das grandes coisas relativas à *Odisseia*, que por sinal é o primeiro exemplo de *western*, é que, no final, os caras bons conseguem o que merecem, assim como os maus recebem seu castigo.

MA: *Western* sem cavalaria.

CVD: Certo, sem cavalaria. Acima de tudo, você tem que deixar a história se desenvolver, é preciso permitir que ela faça tudo o que é capaz.

MA: Ler a história de forma ativa vai predispô-lo a permitir que isso aconteça?

CVD: Penso que sim. É uma suspensão voluntária da descrença, como Coleridge a denominou. Você tem de fazer isso com uma peça, ao ler um poema, um conto ou um romance; deve assim permitir que a narrativa se desenvolva em sua plenitude.

MA: Você diria que o sucesso da ficção, no palco ou numa página, é o fato de você não ter consciência de estar vendo uma peça ou lendo um livro?

CVD: Sim, acho que é isso mesmo.

MA: Se você estiver consciente o tempo todo, o efeito não funciona.

CVD: Eu posso me colocar nessa situação num conto, muito rapidamente, porque sou muito sensível em relação ao esforço e à necessidade. Por exemplo, vou ler o fim de um conto maravilhoso de John Galsworthy, muito mais conhecido por *The Forsyte Saga*. Mas o conto não é exatamente uma obra-prima, em especial se comparado com seus outros contos. Penso em "The Apple Tree". Você não conhece este conto. Bem, é sobre um homem chamado Frank Ashurst que volta com sua esposa – ele é um homem de meia-idade –, para um lugar no campo. Então, ele se lembra de que, quando era um jovem estudante universitário, havia estado lá e se apaixonado por uma moça simples do campo, chamada Megan, e algo aconteceu, como é frequente quando um rapaz de uma cidade sofisticada encontra uma moça simples do campo. No fim, a trai e volta para sua vida de estudante universitário numa cidade sofisticada. Porém, Megan, que tinha se apaixonado por ele de verdade, cometeu suicídio ou morreu por causa da desilusão amorosa. E Frank estava ali, sentado, pensando a respeito disso, sob a macieira onde Megan está enterrada. Estas palavras são ditas no final do conto: "Megan, coitadinha, chegando à colina, Megan sob a macieira esperando e olhando, Megan morta com a beleza gravada em si, uma voz diz: 'Oh, você está aí, veja!' Ashurst levantou-se, pegou o esboço feito pela sua esposa e ficou ali em silêncio: 'O primeiro plano está certo, Frank? Sim, mas está faltando algo, não está?' Ashurst aquiesceu. Faltando? A macieira, o canto, e o ouro!" Isto é muito emocionante. Tudo está resumido nesta frase famosa: "A macieira, o canto, e o ouro!". E sua mulher nunca compreenderá o que ele tinha perdido. Trata-se de um conto que toca as pessoas profundamente, se permitirem que isso aconteça. Porque o mesmo já aconteceu com praticamente todo mundo, o que você traz para o conto é toda sua experiência passada, seus sonhos, suas ilusões...

9º Diálogo

COMO LER LIVROS: O QUE FAZ UMA HISTÓRIA SER BOA

Charles Van Doren: Mortimer, estamos dizendo que a coisa mais importante na leitura de uma obra de ficção é se deixar envolver, para que possamos nos abrir a ela, participando da vida, dos sucessos e problemas dos personagens, mas isso não significa... Quero dizer: trata-se de uma participação extremamente emocional, porém sua mente não fica inativa durante o processo.

Mortimer Adler: Espero que não.

CVD: Sim. Enquanto você está lendo, ou depois de ter lido um bom romance, é sua obrigação, como bom leitor, criticá-lo, julgá-lo, e saber por que é bom ou ruim. Acho que há duas questões essenciais que você deve saber sobre um romance: Ele é bom como trabalho de ficção, é tecnicamente correto, é bem-sucedido como livro? Em segundo lugar, é verdadeiro em relação à vida?

MA: Não verdadeiro no sentido científico de verdade, mas poeticamente verdadeiro. Ele tem similitude, probabilidade, é uma história verossímil?

CVD: Exatamente. Esta é a maneira certa de colocar o problema. Lemos recentemente *Middlemarch*, de George Eliot, e ficamos muito impressionados com sua verossimilhança; é uma história possível, não somente duas ou três pessoas, mas toda uma cidade, ele recria uma cidade inteira.

MA: Nos anos 1830, na Inglaterra.

CVD: Mas, nós dois achamos, você concordou comigo, que a trama era imperfeita, uma trama romanesca do século XIX extremamente melodramática.

MA: É a sua consciência de uma trama. Se os seus momentos cruciais não passam de simples coincidências, isso significa que muito dificilmente ocorreriam. A propósito, esta é uma das minhas críticas em relação a muitos romances: a história se baseia em coincidências.

CVD: Não deveria ser assim, e um bom crítico sempre salienta o fato quando ele acontece. George Eliot é um caso curioso, pois ele foi capaz de criar todo um mundo maravilhoso, e, mesmo assim, não foi capaz de contar uma história direta, simples, sem que a trama emperrasse na sua evolução. Por outro lado, *E o Vento Levou* tem uma trama perfeita. Não poderia haver romance mais perfeito, tecnicamente falando, e também se tornou um grande filme. Mas sua verossimilhança, para mim, é extremamente imperfeita, é um livro muito romântico e sentimental, com uma visão sulista, anterior à da Guerra Civil — tudo é muito irreal. Pode ser como gostaríamos que tivesse sido, mas não foi assim que ocorreu. Creio que *Guerra e Paz* satisfaz a esses dois critérios.

MA: Perfeitamente; assim como *Tom Jones*.

CVD: *Guerra e Paz* é verdadeiro em relação à vida, embora não tenhamos vivido na Rússia no começo do século XIX. E você nunca pensa a respeito disso, sequer na língua do escritor.

MA: A propósito, esta é a maior qualidade de qualquer escritor: escrever de forma tão perfeita que você nem pensa nisso.

CVD: Mas, ao mesmo tempo, há um problema que muitos leitores têm com *Guerra e Paz*, que é o grande elenco de personagens. No primeiro capítulo, cerca de 30 pessoas são apresentadas ao leitor, os nomes são estranhos, russos.

MA: Charles, tudo isso acontece em coquetéis. Você anda no meio de pessoas com um copo nas mãos, e é apresentado a elas rapidamente. Você não se lembra dos nomes, mas se ficar por ali durante um período suficiente, as conhecerá gradativamente; assim também é em *Guerra e Paz*. Você não tem que se preocupar com isso, o elenco avassalador de personagens no início, porque, à medida que vai lendo o romance, gradativamente vai se familiarizando com eles da mesma forma como quando conhece pessoas que encontra em sua vida.

CVD: Como acontece quando nos mudamos para outra cidade. No início, você não sabe quem são seus vizinhos, quem vai ser importante para você, mas, à medida que vive ali, durante três, seis meses, um, cinco anos, o cenário se organiza. Um bom autor de romance pode colocar em evidência as pessoas que são importantes. Nunca me preocupo se não me lembro do nome de um personagem no começo. Nunca pararia de ler um romance por não saber quem são as pessoas. Então, uma das coisas que um bom leitor faz ao ler uma obra de ficção é julgá-la de forma crítica a partir dessas duas perspectivas. Também é necessário ser capaz de dizer, brevemente, qual é o tema do livro, sintetizar o enredo da forma mais simples. Você poderia, por exemplo, recordar a trama de *Odisseia* em poucas frases?

MA: Creio que Aristóteles fez isso melhor do que eu. Deixe-me ler Aristóteles para você, um resumo, em algumas frases, de toda a trama de *Odisseia*. Ele diz: "Um homem solitário vagueia, durante anos, em terras estrangeiras; ele é vigiado pelo ciumento Possêidon, que o impede de voltar, e fica desolado. Em casa, os pretendentes de sua esposa devoram os seus bens e ameaçam a vida de seu filho. Quando, finalmente, consegue regressar, revela a alguns a sua identidade, ataca e destrói os inimigos com as próprias mãos, salvando-se".

CVD: É muito bom. Só que longo demais. Não é necessário mencionar Possêidon.

MA: Não?

CVD: Tudo o que deve ser dito é que ele está longe de casa. Durante sua ausência, pessoas tentam destruir a sua casa; ele retorna e, com uma mão, e a ajuda do seu filho, vence-as e vive feliz para sempre.

MA: A única coisa que é deixada de lado é que ele demorou dez anos para voltar. Uma das grandes questões é o quão ansioso estava para regressar! Todas essas aventuras foram demoradas, ou ele usou esta tática para retardar seu retorno?

CVD: O importante é lembrar que ele passou parte dos dez anos com uma mulher, Calipso.

MA: Creio que o resumo mais curto de uma trama foi feito anteriormente por nosso amigo em comum, Clifton Fadiman. Estávamos falando sobre *Tom Jones* com nossos alunos, e ele disse: "A trama é muito simples. Um rapaz encontra uma moça. O rapaz quer a moça. O rapaz a conquista".

CVD: *Hamlet* é a peça mais longa escrita por Shakespeare; por exemplo, é três vezes mais longa do que *Macbeth*, mas poderia ser resumida de uma forma muito simples: Um filho fica sabendo que seu pai foi assassinado, descobre quem é o assassino, não consegue matá-lo a tempo, e, assim, ele próprio morre.

MA: Isso é interessante, porque as inúmeras vezes em que li *Hamlet*, ou seja, qualquer um dos grandes livros, sempre fiz uma pergunta aos meus alunos que praticamente levava duas horas para ser respondida. Eu dizia: "Contem-me a história! Não somente a trama, o resumo da trama. Peguem o começo e contem a história". Você nunca consegue fazer que vinte pessoas concordem a respeito do que acontece em *Hamlet*. Enquanto estão contando a história, não estão simplesmente contando, eles acrescentam sua interpretação a respeito da motivação, do interesse, do pensamento, o que obviamente estimula várias interpretações.

CVD: A razão pela qual é importante poder contar a trama de um romance ou de uma peça é porque esta é a primeira pergunta que o leitor sempre tem que fazer: "De que se trata?". Isto se aplica tanto à literatura imaginativa quanto à literatura expositiva.

MA: Deixe-me fazer o mesmo com a literatura expositiva, como fizemos com *Tom Jones*. Peguemos a *Ética*, de Aristóteles. É um livro sobre a busca da felicidade, sobre as condições dessa busca e como a virtude é indispensável para a felicidade. Eis o livro todo, não é mesmo?

CVD: Excelente! Isto requer muita leitura, muita reflexão para ser capaz de produzir uma tal síntese. Quantas páginas tem esse livro? Trezentas, algo assim, resumida em três frases. Bem, um romance nem sempre nos entretém com uma história. Às vezes, ele também tenta fazer outras coisas: nos ensinar sobre o mundo, promover uma certa visão da realidade ou condições socioeconômicas.

MA: Não deve simplesmente instruir.

CVD: Não deve, mas com frequência instrui, e um bom leitor é dócil. Ele permite que o livro o instrua e o entretenha. *As Viagens de Gulliver*, por exemplo, é uma grande história, um romance satírico, ou uma sátira romanesca, mas, ao mesmo tempo, tem uma visão de como as coisas são, e de como deveriam ser, e Swift tenta claramente nos dizê-lo.

MA: Parece-me que você tem muito mais consciência a respeito do pensamento do autor do que da história. A história é um veículo para que ele expresse seu pensamento. Sabe, Ibsen escrevia peças problemáticas. E hoje há romances problemáticos. *Vinhas da Ira*, por exemplo, não me toca. Eu não gosto de romances com vocação de tratado sociológico. Não gosto que o romancista seja um reformador social. Creio que este é o caso de *Vinhas da Ira*.

CVD: Quando você pensa num romance, como, por exemplo, *A Cabana do Pai Tomás*...

MA: Bom, é um romance de tese.

CVD: Não passa de um romance de tese! A propósito, tem uma trama excelente, é melodramática, por cem anos tem atraído a atenção dos leitores. É a peça mais apreciada de todos os tempos da história americana. Teve uma enorme influência, pois, às vezes, livros, romances, escritos a partir desse ponto de vista, com uma doutrina integrada na história, produzem efeitos na prática.

MA: Sem dúvida.

CVD: O presidente Lincoln disse à autora, Harriet Beecher Stowe, quando a encontrou: "Então, a senhora é a mulher que fez a grande guerra", querendo dizer que houve a Guerra Civil por causa do grande impacto de *A Cabana do Pai Tomás* no Norte. Há outros romances que também influenciaram o curso dos acontecimentos. *A Selva*, de Upton Sinclair, é um exemplo muito famoso. Sinclair escreveu um romance sobre a indústria de processamento de carnes em Chicago por volta de 1900. O romance era tão cru e horrível nas suas descrições do que acontecia de fato nos abatedouros, que, em quatro, cinco anos, foram aprovadas leis que tornaram ilegais as práticas por ele descritas. Mas a história não é muito boa. *1984* tem uma história mais atraente, embora seja evidente que defenda uma doutrina. O aspecto amedrontador é que, ainda que vejamos o que Orwell estava prevendo que aconteceria, e isso somente há uma década, sua predição vai acontecer, independente de nos opormos ou não.

MA: O que acaba de dizer é interessante porque, sem dúvida, Tolstói não se contenta em contar uma história, ele quer ensinar a história e o caráter da guerra e da paz, mas faz isso de maneira bastante consciente e clara.

Os prefácios dos capítulos sobre as tramas do livro são nitidamente uma tentativa de dizer o que ele pensa, e nisso a história se resume, mas não é algo que incomoda, creio.

CVD: Afinal, a coisa mais importante que um romance deve fazer não é ensinar sobre a realidade externa...

MA: Mas sobre você mesmo.

CVD: ...Sim, sobre você mesmo.

MA: A propósito, é por isso que gosto de *Moby Dick*. Nada a ver com a baleia, mas de alguma forma eu não me identifico totalmente com o capitão Ahab. Porém, esse romance faz que eu olhe para mim mesmo, para minhas próprias ilusões sobre a vida, como poucas histórias fazem.

CVD: É uma história profunda, um grande tratado sobre pesca de baleias e é também um grande tratado sobre a loucura. Mas, ao mesmo tempo, é muito mais, pois não temos que ser baleeiros, não temos que ser loucos para saber e reconhecer que todos somos o capitão Ahab. Todos temos uma espécie de baleia branca, na nossa consciência ou no inconsciente, que nos nossos sonhos tentamos capturar e matar.

MA: Para não ser morto por ela.

CVD: Sabe, Sócrates disse que uma vida não analisada não vale a pena ser vivida. Creio que o que estamos dizendo aqui é que um romance não analisado, um romance a respeito do qual você não pensa, não vale a pena ser lido. Você tem que se envolver, deve deixar que ele se desenvolva plenamente, mas, ao mesmo tempo, a mente deve permanecer ativa. Você tem que ler o romance tanto ativa quanto apaixonadamente. Não de forma passiva, mas, sim, apaixonada.

10º Diálogo

COMO LER POESIA

Mortimer Adler: Charles, certa vez, seu pai escreveu um poema sobre mim, que se chama "Philosopher at Large" [Filósofo à Solta], dedicado a Mortimer Adler. Eu o li com muito prazer, obviamente, e gratidão, mas acho intrigante, porque não tenho certeza se o entendo. Uma das minhas recomendações para qualquer leitor, no sentido de testar se entende um livro de filosofia, história, ou qualquer outro tipo de texto, não só poesia, é ver se é buscar dizer com suas próprias palavras o que o autor disse. E quando tento dizer com minhas palavras, em prosa, o que este poema diz a meu respeito, não consigo, não sei dizer, há algo que o poema diz que não sei fazê-lo, e esta é a razão pela qual acho que não o compreendo plenamente.

Charles Van Doren: Você já o leu em voz alta, Mortimer?

MA: Acho que não.

CVD: Leia em voz alta e veja como funciona.

MA: Antes disso... Também fiz o mesmo com alunos, em relação a ler livros filosóficos. Quando dizem: "Não entendo o que Kant diz... Não entendo o que Aristóteles diz", sempre respondo: "Leia a passagem em voz alta para mim", porque, quando os ouço, posso perceber que não entendem a partir da forma como leem a passagem. Vou lhe mostrar o que não entendo a partir da forma como o leio.

The ancient garden where most men
Step daintily, in specimen dust,
He bulldozes; plows deep;
Moves earth, says someone must,
If truth is ever to be found
That so long since went underground.

What truth? Why down? He shakes his head.
He does not know, but routes and rocks
Go tumbling, tearing as his blade,
Shivering from its own shocks,
Bites farther and upturns pure clay
Does not pause to smooth away.

And horrifies those men, by hedge
And dust plot, whom the top sufficed.
They thought the garden theirs. And still
It is, but the dear air is spiced
With damp new things dug up. Or old,
He says; like God, like buried gold.

No ancestral jardim em que tantos
pisam macio, na poeira dos espécimes,
ele entra com trator, enfia o arado,
revira a terra, diz que é necessário,
se alguém quer encontrar um dia
a verdade no solo desaparecida.

Verdade? Lá embaixo? Ele ergue os ombros.
Ele não sabe, mas trilhas e rochas
viram cacos, rompendo-se à lâmina
que com seu próprio impacto estremece,
mas fura, revira argila pura,
não para, brandura não procura.

> Horrorizando os tantos lá na sebe,
> na gleba de poeira, só na superfície.
> Achavam que era deles o jardim.
> E ainda é, mas o ar tem cheiro de úmidas
> coisas novas escavadas. Ou velhas,
> diz ele, como Deus, como ouro sob a terra.[1]

CVD: Você o lê muito bem, Mortimer! Lê como um poema deve ser lido, com sentimento, compreensão, não posso criticar sua leitura. Mas não entendo por que você não o compreende. Lembre-se de uma coisa a respeito de um poema. Se você está descrevendo a trama de um romance de, talvez, mil páginas, sua descrição pode ser de mil também, como o romance. No caso de um poema, um poema lírico, sua descrição do que ele diz pode ser mais longa do que o próprio poema. De qualquer forma, tente. O que ele diz?

MA: O poema diz: Enquanto os outros se satisfazem com uma compreensão superficial do que foi o pensamento da humanidade, eu me aprofundo mais do que eles, eu cavo, aro a terra profundamente e acho um ouro que eles não sabiam que estava enterrado ali.

CVD: Como você lê o trecho "na poeira dos espécimes" ("in specimen dust")?

MA: Que bom que você perguntou. Estas são as palavras que não entendo. O que ele quer dizer com "na poeira dos espécimes"? ("specimen dust")?

CVD: Eis a chave do poema. Esta palavra também é usada mais tarde. Deixe-me ver. "No ancestral jardim em que tantos pisam macio, na poeira dos espécimes, ele entra com trator, enfia o arado, revira a terra." ("The ancient garden where most men step daintily, in specimen dust, he bulldozes"). Este é o conflito, esta é a coisa surpreendente, impactante, que meu pai

---
[1] Tradução Pedro Sette-Câmara.

sempre achou que você fazia, embora muitos homens considerassem o passado um espécime de museu.

MA: Ah! Espécimes.

CVD: Como espécimes: espécimes de animais, espécimes de colunas gregas, ou algo do gênero. E você tem a audácia de entrar com o seu buldôzer. Quando ele diz: "... mas trilhas e rochas viram cacos, rompendo-se à lâmina que com seu próprio impacto estremece, mas fura", meu pai estava pensando num buldôzer devastando todo um jardim, devastando um museu.

MA: Devastando um museu.

CVD: Isso é algo terrível que um homem faz, mas é o que ele sempre pensou que você fazia. Ele o admirava muito por isso, mas entendeu por que outros homens, ao ver a filosofia do passado como um espécime de museu, ficavam chocados com o seu trabalho.

MA: É muito extraordinário, porque essas são as palavras que li e não pude compreender.

CVD: É possível. Vou ler outro poema que você conhece muito bem, todo mundo conhece, e, na escola, toda criança inglesa aprende de cor. Contudo, acho que 99% dos leitores compreendem mal. É um poema de Wordsworth, "Composed Upon Westminster Bridge", September 3, 1802. Ele está olhando a cidade de Londres:

> Earth has not anything to show more fair:
> Dull would he be of soul who could pass by
> A sight so touching in its majesty:
> This City now doth, like a garment, wear
> The beauty of the morning; silent, bare,

Ships, towers, domes, theatres, and temples lie
Open unto the fields, and to the sky;
All bright and glittering in the smokeless air.
Never did sun more beautifully steep
In his first splendour, valley, rock, or hill;
Ne'er saw I, never felt, a calm so deep!
The river glideth at his own sweet will:
Dear God! the very houses seem asleep;
And all that mighty heart is lying still!

Nada de mais bonito existe em toda a Terra:
bruto d'alma seria aquele que passasse
sem se espantar à vista dessa majestade:
a cidade, agora, como roupa, veste
a manhã, no que tem de bela: nus, quietos,
barcos, torres, domos, os templos e os teatros
se estendem sobre os campos, abrem-se ao espaço;
todos brilham, resplendem, pelo ar sem névoa.
Nunca tão belo sol em seu amanhecer
banhou morros, pedras, vales, em tais fulgores;
nunca vi ou senti sossego tão enorme!
O rio vai correndo a seu doce bel prazer:
Deus! As casas, parece que elas mesmas dormem;
e todo o coração intenso está inerme![2]

É um belo poema. O que ele diz? Qual é a profunda ironia do poema, Mortimer?

MA: É essa cidade, essa grande cidade que ele descreve com palavras de amor. Ele expressa seu amor nos doze primeiros versos.

---
[2] Tradução Pedro Sette-Câmara.

CVD: Não acho que ele expresse seu amor pela cidade. Mas seu ódio e abominação pela cidade nos doze primeiros versos. Eis a ironia do poema.

MA: Não consigo ver ódio e abominação aqui. Não vejo nada disso.

CVD: A cidade é bonita, Mortimer, porque está adormecida. A cidade que é uma abominação sob a perspectiva do campo, com a poluição que invade o ar, e com seu barulho, tumulto, caos perturba a natureza que ela invadiu.

MA: De manhã bem cedo, quando ela não está viva, acordada.

CVD: Quando não é ela mesma. É bonita porque faz o poeta pensar nesse vale do Tâmisa, no que lhe pareceria se a cidade não estivesse ali.

MA: Lamento dizer que li esse poema muitas vezes e gostei, mas nunca o entendi.

CVD: Mas isso não é verdade?

MA: Sem dúvida.

CVD: Não é absolutamente verdade o que ele está dizendo?

MA: Também é verdade em relação ao que sabemos sobre Wordsworth.

CVD: O poeta da natureza não poderia ter escrito um poema...

MA: Eu me faço a mesma pergunta. Acho que ele é extraordinariamente bom. Nem toda poesia lírica tem um sentido oculto desse tipo. Deixe-me interrompê-lo um pouco para dizer que um dos meus poemas favoritos de Wordsworth, que lerei para você dentro de instantes, talvez eu entenda superficialmente, não há nenhum significado oculto nele. Qualquer criança pode entendê-lo.

> My heart leaps up when I behold
> A rainbow in the sky:
> So was it when my life began;
> So is it now I am a man;
> So be it when I shall grow old,
> Or let me die!
> The Child is father of the Man;
> I could wish my days to be
> Bound each to each by natural piety.
>
> Meu coração salta quando contemplo
> Um arco-íris no céu:
> Assim foi na aurora da minha vida;
> Assim é agora que sou um homem;
> Assim será quando envelhecer,
> Ou deixar-me morrer!
> A Criança é pai do Homem;
> E eu desejaria que meus dias fossem
> Unidos um a um por devoção natural.[3]

MA: Isto me parece perfeitamente claro.

CVD: Acho que é muito claro.

MA: Não é um grande poema?

CVD: Acho que é uma homília, e homílias fundamentalmente não são poemas muito bons.

MA: Você está dizendo que um grande poema lírico requer uma profundidade que este não tem.

---

[3] Stephen Jay Gould, *Dinossauro no Palheiro, Reflexões sobre História Natural*. São Paulo, Companhia das Letras, p. 183.

CVD: Sim. É um poema superficial, e um poema superficial não é o melhor tipo de poema.

MA: Eu leio livros filosóficos, científicos e de matemática. Presto atenção em cada palavra, no que existe nas entrelinhas. Sendo assim, acho que não leio poemas dessa forma.

CVD: Não, provavelmente não. Quando lê um livro filosófico, você procura as palavras-chave, e num poema também é necessário procurá-las. Com frequência, um poema reside numa só palavra. Vou lhe dar outro exemplo de um poema que não somente você conhece, mas do qual também gosta muito, o famoso soneto 116 de Shakespeare:

> Let me not to the marriage of true minds
> Admit impediments: love is not love
> Which alters when it alteration finds
> Or bends with the remover to remove.
> O, no! It is an ever-fixed mark
>
> Não tenha eu restrições ao casamento
> De almas sinceras: pois não é amor
> O amor que muda ao sabor do momento,
> Ou se move e remove em desamor.
> Oh, não, o amor é marca mais constante.[4]

...E assim por diante. Bem, vou lhe fazer uma pergunta sobre isso. Veja o verso: "Não tenha eu restrições ao casamento / De almas sinceras:". "Let me not to the marriage of true minds / Admit impediments: (...)" Qual o significado da palavra "admit"?

MA: Permitir.

---

[4] Tradução de Geraldo Carneiro.

CVD: Permitir, num sentido lógico, significa: não me deixe permitir que haja impedimentos.

MA: Impedimentos para o casamento de almas sinceras.

CVD: Mas há outro significado para "admit", não é?

MA: Deixar entrar?

CVD: Não. Este é, de novo, o significado lógico.

MA: Penso na frase: Eu deixo você entrar no meu quarto.

CVD: Sim, mas esta é a ação física. "Let me not to the marriage of true minds (...)" Let people come in to stand between us. Há aí um significado bastante diferente de "admitir".

MA: Diga-me qual é a segunda frase. Como a segunda frase segue a primeira. Por que depois de dizer "Let me not to the marriage of true minds / Admit impediments:", ele continua, dizendo "Love is not love / Which alters when it alteration finds"?

CVD: Há restrições a qualquer casamento de almas sinceras, ou, de fato, a qualquer amor. Eles se intrometem. E aí falamos de pessoas físicas, ou fatos, ou circunstâncias que estão presentes. Não é simplesmente uma concessão lógica ou permissão, mas as pessoas de fato se intrometem e interrompem um grande amor. Portanto, ele segue dizendo, se o amor muda, quando esse tipo de coisa ocorre, então não é amor verdadeiro. Se você não captou esse duplo sentido da palavra "admit", não entendeu o significado. Mais um exemplo. Acho que, de todos os poemas americanos, é desse que as pessoas mais gostam. É muito conhecido pelos jovens americanos: "Stopping by Woods on a Snowy Evening" [Perto do Bosque Numa Noite de Neve], de Robert Frost:

Whose woods these are I think I know.
His house is in the village, though;
He will not see me stopping here
To watch his woods fill up with snow.

My little horse must think it queer
To stop without a farmhouse near
Between the woods and frozen lake
The darkest evening of the year.

He gives his harness bells a shake
To ask if there is some mistake.
The only other sound's the sweep
Of easy wind and downy flake.

O dono dos bosques conheço saber, creio.
No entanto, mora na cidade, alheio,
E não verá que me detenho aqui
Olhando a neve que de noite veio.

A meu cavalo parece um engano
Que eu pare nestes ermos, sem um plano,
Entre bosques e lagos congelados
No entardecer mais sombrio do ano.

Agita a rédea, sinto seu chamado
Que me pergunta se está algo errado.
Além dele, ouço apenas a passagem
Da brisa leve e os flocos repousados.

Esses eram os versos de Robert Frost preferidos pelo meu pai:

The woods are lovely, dark and deep,
But I have promises to keep,
And miles to go before I sleep,
And miles to go before I sleep.

> Gosto desse bosque: é profundo e sombrio
> Mas tenho promessas que devo cumprir
> E antes de dormir, minha estrada é longa
> Longa, bem longa, antes de ir dormir.[5]

Há tanta ironia ou ambiguidade, ou problema, neste poema quanto no de Wordsworth. E a forma de identificar isso é dizer: Qual é a diferença entre o desejo do poeta e a mensagem do seu poema? Sua mensagem é bastante clara, ou seja, tenho que cumprir promessas, percorrer quilômetros antes de dormir, preciso continuar com a vida. Qual é o seu desejo expresso no poema?

MA: Ficar no bosque.

CVD: O que significa a palavra "dormir"?

MA: Não sei.

CVD: Eu acho que significa "morrer". "Dormir" denota duas coisas em relação ao significado para poetas nos últimos 250 anos. Significa tanto o "sono" do qual você acorda, quanto o "sono" do qual você não acorda, a morte. E Frost escreveu esse poema num período de infelicidade muito grande, praticamente de desespero. Esse poema, que é visto sentimentalmente como um convite para a vida, é, de fato e de forma autêntica, uma visão assustadora da atração da morte. O que se está enfatizando aqui, no que estamos dizendo sobre o poema de Frost, é a necessidade de ler um poema repetidas vezes em voz alta, e depois para você mesmo, e novamente em voz alta, porque você tem que encontrar a palavra-chave na qual reside o significado do poema.

---

[5] Jorge Wanderley, *Antologia da Nova Poesia Norte-Americana*. São Paulo, Civilização Brasileira, 1992.

IIº Diálogo

ATIVAR POEMAS E PEÇAS

Charles Van Doren: Temos dito que, ao ler um poema lírico, devemos procurar a palavra-chave, uma única palavra na qual resida, talvez, o significado integral do poema. O poema mais famoso de William Butler Yeats se chama "Sailing to Byzantium" [Viagem para Bizâncio].[1] Nele, a palavra-chave não é a última palavra ou estrofe, ela está no começo. E se você não a percebe, se passa por ela muito rapidamente, não poderá apreender o significado do poema. Eis seu princípio:

> That is no country for old men. The young
> In one another's arms, birds in the trees
> — Those dying generations — at their song,
> The salmon-falls, the mackerel-crowded seas,
>
> An aged man is but a paltry thing,
> A tattered coat upon a stick, unless
> Soul clap its hands and sing, and louder sing
> For every tatter in its mortal dress,
> (...)
> And therefore I have sailed the seas and come
> To the holy city of Byzantium.
>
> Aquela não é terra para velhos. Gente
> jovem, de braços dados, pássaros nas ramas
> — gerações de mortais — cantando alegremente,
> salmão no salto, atum no mar, brilho de escamas, (...)

---

[1] Tradução de Augusto de Campos, *Linguaviagem*. São Paulo, Companhia das Letras, 1987.

E assim por diante. Em seguida, ele diz:

> Um homem velho é apenas uma ninharia,
> trapos numa bengala à espera do final,
> a menos que a alma aplauda, cante e ainda ria
> sobre os farrapos do seu hábito mortal;
> (...)
> Por isso eu vim, vencendo as ondas e a distância,
> em busca da cidade santa de Bizâncio.

A palavra-chave nesse poema é "aquela".

MA: Por quê?

CVD: A primeira palavra do poema. Que lugar é "aquela"? "Aquela não é terra para velhos."

MA: Eu diria Bizâncio.

CVD: Não! É a Irlanda.

MA: Como eu poderia sabê-lo?

CVD: Você tem que ler cuidadosamente. "Aquela não é terra para velhos. Gente / jovem, de braços dados, pássaros nas ramas / – gerações de mortais – (...) Portanto, uma vez que "Aquela" não é terra para velhos, Eu, um homem velho, "vim, vencendo as ondas e a distância, / em busca da cidade santa de Bizâncio".

MA: Não estou desafiando sua análise ou interpretação. Só estou perguntando como posso chegar a essa conclusão pelo "caminho normal", por assim dizer.

CVD: O "caminho normal" seria o seguinte: Você deveria ler o poema sem saber nem pensar que é Bizâncio, e continuaria a ficar intrigado com o poema. Começaria a reconhecer que a estrutura do poema requer uma descrição de dois lugares, "aquela" e "esta", e daí se perguntaria que lugar é "aquela". Você volta a olhar e vê que é a primeira palavra. Algumas vezes, a palavra-chave não é uma palavra, mas um verso inteiro. Num poema famoso de Frost este verso se tornou muito famoso. Chama-se "Mowing" ["Ceifando"]:

> There was never a sound beside the wood but one,
> And that was my long scythe whispering to the ground.
> What was it it whispered? I knew not well myself;
> Perhaps it was something about the heat of the sun,
> Something, perhaps, about the lack of sound
> And that was why it whispered and did not speak.
> It was no dream of the gift of idle hours,
> Or easy gold at the hand of fay or elf:
> Anything more than the truth would have seemed too weak
> To the earnest love that laid the swale in rows,
> Not without feeble-pointed spikes of flowers
> (Pale orchids), and scared a bright green snake.
> The fact is the sweetest dream that labour knows.
> My long scythe whispered and left the hay to make.
>
> Nunca houve outro som perto do bosque, só
> A minha longa foice sussurrando ao chão.
> O que sussurrou? Eu não soube quase nada;
> Talvez fosse algo sobre o calor do sol,
> Talvez algo sobre a falta de som –
> E por isso sussurrou, silenciando.
> Não foi o sonho do dom de horas idílicas,
> Nem ouro fácil na mão de elfo ou fada:
> Algo a mais do que a verdade seria brando
> Ao amor sincero que a terra, em fila, fende,

> E salva a fina haste das flores (orquídeas
> Pálidas), e assusta a cobra verde pleno.
> O fato é o doce sonho que o trabalho entende.
> Minha foice sussurrou, e esqueceu o feno.[2]

O verso "O fato é o doce sonho que o trabalho entende" foi muito celebrado, porque é a alma desse poema. Você compreende o que quero dizer?

MA: Não. "O fato é o doce sonho que o trabalho entende"... Não.

CVD: Eis a razão pela qual o verso é tão importante: se você examinar o poema com muito cuidado, todas as palavras nele, as construções gramaticais, não fazem sentido. Um fato não é um sonho, o trabalho não sabe nada, o trabalho não conhece um sonho que é um fato interno, e assim por diante. Contudo, há um significado nessa declaração, não há?

MA: Não duvido. Mas não sei qual seja!

CVD: No que se refere ao trabalho, quando você está trabalhando, o que mais o satisfaz é o trabalho que faz, não é o trabalho que fez, não é o trabalho que pretende fazer, mas o trabalho tem essa qualidade curiosa: enquanto você trabalha, o próprio trabalho satisfaz, é somente a grama aparada...

MA: É estranho como fato.

CVD: É muito estranho, e a própria estranheza do verso é o que chama atenção.

MA: Certo. Mas eu nunca entenderia isso sem nossa discussão.

---

[2] A. C. Gambaratto, *A Poesia Reconquistada na Tradução: uma Recriação da Obra A Boy's Will*, 2016, 188f. de Robert Frost. Dissertação (mestrado) – Faculdade de Filosofia, Letras e Ciências Humanas, Universidade de São Paulo, São Paulo, 2016.

CVD: Se você continua lendo Frost com muito cuidado, encontra muitos dos seus poemas em que ele procede da mesma maneira. E não me atormente com considerações racionais!

MA: Sabe, Charles, nossa discussão me faz pensar numa palestra que ministrei há muitos anos, pouco tempo depois de *Como Ler Livros* ter sido publicado pela primeira vez. Então, afirmei que a leitura solitária era praticamente tão recomendável quanto beber sozinho. E isto é convincente para mim. Se eu tivesse lido esse poema sozinho, acho que teria desistido. Mas nossa breve discussão me faz seguir adiante. Acho que isto vale também para a filosofia ou qualquer outro tema. Ler livros com outras pessoas, fazer que duas pessoas leiam a mesma coisa, discutam o tema, melhora muito mesmo a leitura. De fato, acho que ler sozinho não é nem de perto tão eficaz quanto a leitura partilhada.

CVD: É verdade, você está certo. Porém, muitas vezes você tem que ler sozinho.

MA: Pelo menos uma vez.

CVD: E você não tem tempo de compartilhar o que está lendo. Mas a questão é que você tem que ler de forma bastante ativa, tem que procurar sentido, mesmo que não o encontre imediatamente. É como se começasse um diálogo consigo mesmo, você busca a palavra-chave no poema, o verso principal, como se fosse preencher as lacunas no poema.

MA: Suponho, tomando como exemplo esse poema, que se alguém começasse fazendo a pergunta, "O que este verso pode querer dizer?", esta é a pergunta pela qual se deveria começar.

CVD: Exatamente: esse é o ponto. E você faz em relação ao poema algo que ele não faz por você. Você tem que se colocar nele. A mesma coisa se aplica ao teatro, você não pode ler um poema, uma peça... A melhor forma de ter a experiência da peça é vê-la. Porém, muitas vezes você lê uma peça, e tem que colocar algo de si mesmo nela. Vou lhe mostrar. Tenho um palco aqui, acho que esta vai ser a única chance que terei de dirigir *Hamlet* e vou aproveitá-la. Aqui estão as personagens. Este é o rei, o pai, ou padrasto, de Hamlet, o homem e como Hamlet acaba de descobrir, através do espectro do seu pai, que ele matou seu pai. Este é Polônio, o primeiro-ministro, não só, mas também o pai de Ofélia. Este é Hamlet. Polônio está dizendo ao rei, explicando por que Hamlet tem agido de forma tão estranha. O público sabe que é porque ele acabou de ver o espectro. Evidentemente, o rei ainda não sabe disso. Polônio supõe que Hamlet está agindo dessa forma insana porque está apaixonado por Ofélia, e explica isso ao rei. Mas o rei tem dúvidas. Então, Polônio está falando com o rei, e Hamlet, que às vezes caminha por essas galerias, chega num determinado momento, e Polônio diz: "A essa hora, eu vou jogar-lhe minha filha". Esta é uma frase surpreendente de entrar em cena, e, segundo as antigas indicações cênicas, seguindo a versão elisabetana da peça, só entra depois de alguns versos. Dover Wilson escreveu um livro chamado *What Happens in Hamlet*, sugerindo que o príncipe da Dinamarca deve ter ouvido a frase antes de entrar em cena, porque devia estar andando nesta galeria, mas o público ainda não o vê. Polônio está falando com o rei, e Hamlet deve sair e, de repente, começa a perceber o que está acontecendo; nesse momento, Polônio diz: "Eu perderei a minha filha para ele"; Hamlet interpreta a sentença no sentido sexual e social. Ele recua porque o rei pode se virar. Em seguida, o rei fica escondido, perto de Polônio; Hamlet finalmente entra em cena, e eles se encontram.

MA: Polônio manda o rei ficar escondido para ouvir a conversa.

CVD: Para ouvir a conversa – isso mesmo. E podemos ler essa conversa. Daí você entende por que é tão importante, embora as indicações cênicas não digam isso, que Hamlet já tenha ouvido aquelas palavras. Hamlet entra em cena lendo:

Polônio: Retirem-se, por favor, eu peço, retirem-se. Vou abordá-lo agora. Deem me licença. Como vai meu bom príncipe Hamlet?

Hamlet: Bem, graças a Deus.

Polônio: Vossa Alteza me conhece?

Hamlet: Muito bem, o senhor é vendedor de bacalhau.

Polônio: Não, eu não, meu senhor.

Hamlet: Quisera que fosse um homem assim honesto.

Polônio: Honesto, senhor?

Hamlet: Sim, senhor. Ser honesto, num mundo como este, é ser um no meio de um milhão.

Polônio: Isso é verdade, senhor.

Hamlet: Pois se o sol faz brotar vermes num cachorro morto, que é uma carniça boa de beijar - Você tem uma filha?

Polônio: Tenho, meu senhor.

Hamlet: Não a deixe andar ao sol. A concepção é uma bênção - mas como sua filha pode conceber - meu amigo, fique de olho.[3]

CVD: Em seguida, a cena continua, é claro, e coisas magníficas acontecem. Mas o que Hamlet diz para Polônio é inexplicável, a não ser que tenha ouvido os comentários anteriores de Polônio. Quando ele diz, por exemplo: "Não a deixe andar ao sol": A palavra se escreve s-u-n (sol) nas antigas versões, isso era um equívoco frequente na época elisabetana s-u-n e s-o-n, ou seja, não deixe que ela chegue muito perto do *filho*, que sou eu, porque eu sou o *filho* do rei. "A concepção é uma bênção – mas como sua filha pode conceber." Se você a perder para mim, é possível que ela conceba. E quando ele diz a Polônio, "O senhor é vendedor de bacalhau", alcoviteiro é a palavra que vem à mente de todos. Esse tipo de coisa se deve fazer – sempre que se fique intrigado com uma peça de Shakespeare ou de outro autor, deve-se encená-la, e se tiver um palco como este, o recurso pode ser muito útil.

MA: Você pode fazê-lo na sua imaginação. Não precisa dispor de um palco.

---

[3] Op. cit. p. 93-94.

CVD: Agora, proponho outro exercício. O final de *Rei Lear*, que sempre deixa as pessoas intrigadas. O rei Lear está morto, você está vendo o nome dele aí, ele está no chão, morto. Pegue o letreiro que diz rei, e coloque o que diz duque de Albânia. Ele está aqui, em pé. E este é Kent, o velho servidor do rei Lear. Este é Edgar, que é o filho do duque de Gloucester. O rei Lear está morto, Cornélia está morta. A história acabou, mas há ainda um prolongamento e Kent diz... Primeiro, o duque de Albânia diz... Bem, ele é o herdeiro de tudo, é o genro, e diz que deve reinar doravante. Kent diz: "Para uma viagem longa vou partir. O mestre é que me chama; tenho de ir". Este mestre é o rei Lear, mas ele está morto, então, ele diz "ele está me chamando para a morte". Sou um homem velho, não tenho mais o que fazer. Então, o duque de Albânia, nas suas últimas palavras, afirma:
"Do tempo triste somos os arrimos; digamos tão somente o que sentimos. Muito o velho sofreu; mais desgraçada a nossa velhice não será em nada".

CVD: Quem é o mais velho?

MA: Lear?

CVD: Não, não é Lear, pois ele está morto. É Kent. Evidentemente é Kent. Mas a maioria das pessoas do público e dos diretores não percebe isso. Então, o duque de Albânia tem que apontar para Kent, ou fazer um gesto na direção dele ao dizê-lo. Se você não o faz, a peça fica um pouco confusa. E é este tipo de coisa que tinha em mente quando disse que você deveria dirigir a peça. Gosto de pensar que o papel dos diretores, no caso de uma peça, é, em geral, do leitor ao ler qualquer obra desse tipo.

MA: Às vezes, é necessário ter muita habilidade. Por exemplo, ao ler as tragédias gregas, em que praticamente não há indicações cênicas, somente "entra" e "sai", é muito difícil imaginar como os personagens principais dialogam uns com os outros.

CVD: É verdade, mas ninguém disse que ler é fácil. Ler é muito difícil. Se não fosse, não valeria a pena. Quanto melhor o livro, mais difícil a leitura.

12º Diálogo

COMO LER DOIS LIVROS SIMULTANEAMENTE

Mortimer Adler: Li recentemente um livro de Josephine Tey, *The Daughter of Time*. Trata-se de um romance. Na realidade, é um romance policial, e eu o li por prazer, mas, sem que eu esperasse, me vi diante de um problema sobre o qual jamais havia pensado. O livro apresenta uma teoria totalmente diferente sobre um dos maiores reis ingleses, Ricardo III, que eu conhecia pela leitura da peça homônima de Shakespeare, ou pela leitura de livros comuns de história, que o mostram como um vilão.

Charles Van Doren: Ricardo, o corcunda.

MA: E, é claro, segundo Josephine Tey, é extremamente questionável se ele assassinou, na Torre de Londres, os dois príncipes que poderiam ser herdeiros do trono. Na realidade, a autora reúne grande quantidade de provas e bons argumentos para mostrar que não foi Ricardo III, mas o primeiro rei da casa Tudor, Henrique VII, seu rival, por ter sido o homem que o fez abdicar, ou o matou. Bem, não posso considerar Josephine Tey uma historiadora séria, mas, num caso como esse, o que eu faria é ler livros com os dois lados da questão. Aí, veria as provas, reuniria as que são a favor e contra, e, dessa forma, teria condições de julgar por mim mesmo. Todo o mundo tem que ter sua própria opinião sobre a questão de Ricardo III ser um vilão corcunda ou um bom rei.

CVD: E este seria um tipo diferente de leitura das várias de que temos falado.

MA: É isso mesmo. Na época em que *Como Ler Livros* foi publicado pela primeira vez, alguns reagiram dizendo: "Por que você não publica outro título, *Como*

Ler Dois Livros?". Porém, de fato, esse título, que é uma brincadeira, é bastante sério, porque ler não somente um livro, mas dois, ou mais, uma série de livros sobre um tema específico, talvez seja o ponto mais importante de toda a questão relativa à leitura.

CVD: Sabe, isso é mesmo fascinante, Mortimer. Porque você leu durante uma hora um romance policial só por prazer, e agora se vê realizando o nível mais desafiador de leitura que existe, que é a leitura sintópica. Ou seja, ler, comparativamente, muitos livros sobre determinado tema para entender se estão de acordo ou não.

MA: Em pesquisas filosóficas, produzimos, junto com um grande número de colaboradores, dois volumes sobre a ideia de liberdade (*The Idea of Freedom*). Essa equipe leu cerca de quinhentos livros sobre liberdade para tentar descobrir se o mesmo tema era discutido por todos eles. Na realidade, descobriu-se que havia cinco temas diferentes abarcados pela palavra liberdade. Em seguida, para cada um desses temas, tentamos descobrir o que os autores haviam escrito a respeito daquele tema com o nome de liberdade, se concordavam ou não, por que discordavam, e como haviam argumentado em relação ao tema. E estes dois volumes são uma espécie de mapa, de histórico de tudo o que existe a respeito da controvérsia sobre a ideia de liberdade. Este livro é um ótimo exemplo de leitura sintópica. Há também outro sobre a ideia de progresso, que percorreu o mesmo método: você lê uma série de livros, todos a respeito da ideia de progresso, para descobrir quais são as opiniões, os padrões de convergência e divergência, diferenças de opiniões, se estão voltadas para o mesmo tema ou para vários. É um empreendimento muito fascinante e interessante. Mas muito elaborado, sempre muito elaborado.

CVD: Eu estava pensando que o último item do livro *The Idea of Progress* é uma bibliografia de quinze páginas. Essa é a última coisa no livro, mas a primeira coisa que se deve fazer, o primeiro passo para juntar o material pertinente ao problema.

MA: A bibliografia em *The Idea of Freedom* também conta com quinze páginas.

CVD: Depois de ter uma ideia aproximada do material, você verifica tudo, olha muito rapidamente, não lê tudo.

MA: E você tem que encontrar as passagens nos vários livros que falam sobre o mesmo aspecto, reunir as passagens relevantes e associá-las a determinado ponto de referência.

CVD: Em seguida, é preciso chegar a um consenso, não com cada livro individualmente, mas com os termos comuns a toda a discussão.

MA: Você descobre, ao ver toda a literatura sobre o progresso, que alguns autores pensam que progresso consiste em ir de menos para mais, como o do aumento populacional, enquanto outros acreditam que o progresso consiste em ir de pior para melhor; aí temos dois significados diferentes de progresso. Se um deles acha que o progresso é só quantitativo, e o outro, qualitativo, do pior para o melhor, eles estão falando de significados e coisas diferentes.

CVD: É verdade. A partir daí você tem que ler todos os autores que reuniu, a fim de encontrar os termos comuns.

MA: Porém, mesmo depois de fazê-lo, depois de ter descoberto que certo número de autores está falando sobre o mesmo objeto, usando a palavra crucial aplicada ao mesmo ponto de referência, ao mesmo objeto, vem o passo mais difícil, ou seja, descobrir se concordam ou discordam, pois todos eles usam uma linguagem que é específica a cada um, e quando você descobre que discordam, é preciso descobrir, se for possível, as razões da divergência. Vou exemplificar com um caso de leitura sintópica. Vejamos três autores sobre um tema: liberdade. Em outras palavras, condensar estes dois volumes num único exemplo. Vou começar com um autor que é muito interessante, Jonathan Boucher, um pastor anglicano que, em 1775, fez um discurso num púlpito em Virgínia, argumentando, é claro, que a colônia não deveria resistir às ordens de Jorge III.

CVD: Ele tinha pistolas no seu púlpito, pois temia as reações.

MA: É verdade. Durante seu sermão, ele assim define liberdade: "A verdadeira liberdade, portanto, é a liberdade de fazer tudo o que é certo, e ser impedido de fazer o que é errado. Portanto, longe de ter o direito de fazer tudo o que queremos, sob a noção de liberdade, a própria liberdade é limitada e restritiva – mas limitada e restritiva somente por leis, que são, ao mesmo tempo, tanto sua base quanto seu suporte". Aqui há um significado que diz que a liberdade consiste em obedecer à lei.

CVD: Entendo. Posso não gostar deste significado, mas o entendo.

MA: Mudemos agora para John Stuart Mill, que escreveu *Ensaio Sobre a Liberdade* no século XIX. Aqui, temos um conceito diferente de liberdade. Encontramos, no início do ensaio, essa declaração: "A única liberdade que merece esse nome é a que procura seu próprio bem à sua própria maneira, contanto que não tentemos tirar a liberdade dos outros, ou impeçamos que seus esforços a obtenham". Mais adiante, ele acrescenta algo, que leio para você: "Enfim, quando há um dano definitivo, ou um risco de dano definitivo, em relação a um indivíduo ou ao público, o caso sai do âmbito da liberdade, e recai no da moralidade ou da lei". Veja, o que ele está dizendo é o oposto do que diz Boucher, que afirma que a liberdade consiste em agir em conformidade com a lei, em obediência à lei, em fazer o que a lei manda. Aqui, Stuart Mill está dizendo que o campo da liberdade é aquele em que as ações não são regulamentadas pela lei, mas no qual uma ação é conforme à lei quando você é obrigado a fazer o que a lei manda por causa do risco de dano ou de prejudicar os outros, porque, neste caso, não é uma ação livre, é o oposto; a liberdade consiste em estar fora da esfera da lei, enquanto Boucher diz que consiste em agir na esfera da lei. Você compreendeu esses dois opostos?

CVD: Sim.

MA: Agora, darei um terceiro exemplo: o livro de John Locke, *Ensaio sobre o Segundo Tratado do Governo Civil*. Pergunto de antemão se Locke concorda com Boucher, ou com Mill, ou mantém uma posição própria entre os dois autores? Locke diz: "A liberdade, portanto, não consiste no que nos diz Sir Robert Filmer, 'uma liberdade para qualquer um fazer o que lhe apraz, viver como lhe convém, sem se ver refreado por leis quaisquer'; a liberdade dos homens sob governo importa em ter regra permanente pela qual viva, comum a todos os membros dessa sociedade e feita pelo poder legislativo nela erigido: liberdade de seguir a minha própria vontade em tudo quanto a regra não prescreve, não ficando sujeita à vontade inconstante, incerta e arbitrária de qualquer homem; como a liberdade da natureza consiste em não estar sob qualquer restrição que não a lei da natureza".[1] E para ter certeza de que você dispõe de todo o texto, leio uma outra passagem: "Como em todos os estados de seres criados capazes de leis, onde não há lei, não existe liberdade. A liberdade tem de ser livre de restrição e de violência de terceiros, o que não pode se dar se não há lei; mas a liberdade não é como nos dizem: licença para qualquer um fazer o que bem lhe apraz". Locke concorda com Boucher ou com Mill?[2]

CVD: Acho que ele concorda com ambos. Quando há lei, ele concorda com Boucher, a liberdade consiste em obedecer à lei; quando não há lei e ela não é aplicada, então o homem é livre para fazer o que quiser.

MA: Acho que você está correto. Esse é um padrão muito complexo, mas nem de perto tanto quanto ao compararmos vários autores, ou seja, todas as ramificações relativas à ideia de liberdade. Acho que é uma busca fascinante essa a de descobrir como as opiniões dos homens estão ligadas

---

[1] John Locke. *Segundo Tratado sobre o Governo*. Capítulo IV, parágrafo 22, p. 43. In Locke. *Os Pensadores*. São Paulo: Editora Abril, 1983.

[2] Idem. Capítulo VI, parágrafo 57, p. 56.

num padrão complexo de visões, divergências e convergências, parciais e imparciais, sobre determinado tema. E a única forma de descobrir isso é fazendo esse tipo de leitura.

CVD: Mortimer, nós deveríamos dizer algo sobre o termo que usamos para descrever esse tipo de leitura extremamente desafiador: leitura sintópica.

MA: Vem do livro *The Syntopicon*, que temos aqui em dois volumes, denominados *An Index to the Great Ideas* and *The Great Books*. *Syntopicon*, evidentemente, é uma palavra criada, que significa uma reunião de temas. Mas vou esclarecer por que criamos este *Syntopicon*. Quando decidimos publicar *The Great Books*, pensamos que as pessoas estariam mais preparadas para ler as grandes obras se pudessem descobrir o que os grandes autores, de Homero a Freud, tinham a dizer a respeito de um tema em particular. Não somente lê-los por prazer, mas para entender as diferenças de opiniões, concordâncias e discordâncias entre as grandes mentes do mundo ocidental.

CVD: Os grandes diálogos entre os autores.

MA: Há um diálogo quando você e eu falamos sobre o mesmo tema. Se falarmos sobre temas distintos não estaremos dialogando. Então, dividimos isso em 102 ideias e cerca de 3 mil tópicos. Em cada um deles, colocamos o grande diálogo apontando as grandes passagens nos grandes livros que discutem aquele tópico.

CVD: Eles estão de fato dialogando? Aristóteles está falando com...

MA: Não. Na realidade, e isso é maravilhoso, trata-se de uma espécie de *tour de force*. É como se todos os grandes autores estivessem juntos numa mesma sala e disséssemos: "Agora, senhores e senhoras, qual a sua opinião sobre o divórcio? O que vocês acham a respeito da pena de morte, ou o que acham da igualdade entre o homem e a mulher?". Vou dar um exemplo. Imagine todo mundo, inclusive os autores do Antigo e do Novo Testamento, Platão, Aristóteles, Homero, Shakespeare, Freud, Mill, Locke, Hobbes. E, aqui, temos um dos 3 mil tópicos: a diferença entre o homem e a mulher, sua igualdade ou desigualdade. Se você tivesse que ler, levaria horas, é claro, todas as passagens listadas aqui. Mas o que seria surpreendente é que, e não acho que a maioria das mulheres do movimento feminista saiba disso, somente duas vozes, em toda a tradição do pensamento ocidental, falam da igualdade do homem e da mulher. De um lado, Platão, no século V a.C., diz que são totalmente iguais e que todos os cargos políticos deveriam ser ocupados por ambos. De outro, John Stuart Mill, praticamente 2 mil anos mais tarde, em 1863, em um livro chamado *A Sujeição das Mulheres*, também fala da igualdade econômica e política; e, nesse intervalo, entre Platão e Mill, ninguém mais. Pelo contrário, as mulheres são vistas como inferiores, e, por isso, deviam ser submissas.

CVD: Não creio que Dante diria que as mulheres são inferiores.

MA: Você ficaria surpreso ao saber que Dante não foi citado aqui.

CVD: Ele não afirma isso expressamente na *Divina Comédia*. Nitidamente, a exaltação...

MA: As mulheres são superiores, elas não são iguais.

CVD: Na realidade, acho que são todos loucos, porque o homem e a mulher são iguais, um não é superior nem inferior ao outro.

MA: Você está tomando partido.

CVD: Creio que sempre se deve, sabe? Um exercício de leitura sintópica, não para a análise da discussão. Você pode expor tudo, e descobrir que o autor "X" diz isso, e o "Y" diz aquilo.

MA: Você deve fazer isso antes de tomar partido.

CVD: No fim, você tem que tomar sua própria decisão.

MA: É óbvio.

CVD: E não somente tomar uma decisão, você tem que agir com base nela.

MA: Como você decide neste caso?

CVD: No caso de Josephine Tey, decidi há muito tempo que Ricardo III não era um rei ruim. Ele foi um dos melhores reis que a Inglaterra já teve, e não matou aqueles dois príncipes na Torre de Londres.

MA: Tudo o que posso dizer, Charles, é que direi se concordo com você depois de fazer minha leitura sintópica.

13º Diálogo

A PIRÂMIDE DE LIVROS

Charles Van Doren: Mortimer, eis um fato estarrecedor: no ano passado, só nos Estados Unidos, foram publicados entre 35 mil e 40 mil títulos. O que um leitor que quer ler bem, de forma verdadeira e ativa, faz com esse enorme volume de leitura?

Mortimer Adler: O que ele faz com os 8 milhões de livros nas prateleiras da biblioteca de Harvard! Na realidade, não somente ele não pode ler todos esses livros, como tampouco deveria. Uma vez, Thomas Hobbes disse: "Se eu lesse todos os livros que a maioria dos homens diz que lê, eu seria tão chato quanto eles".

CVD: Quantos livros você pode ler durante a vida? Ler no sentido que temos discutido aqui.

MA: Eu diria que em toda uma vida seria menos de quinhentos; pode até ser duzentos ou trezentos livros durante toda a vida. Mas ler bem, de forma ativa, ler com o propósito de aprofundar sua compreensão e elevar sua mente para um nível mais alto de discernimento.

CVD: Mas você leu um número maior do que esse, com níveis diferentes de atividade e intensidade.

MA: Na realidade, gosto de pensar em todos os livros do mundo como se formassem uma imensa pirâmide, em cuja base estão os que não devemos ler nem mesmo uma vez. Você pode deixá-los de lado, exceto talvez por prazer. Não merecem ser lidos.

CVD: E qual é a porcentagem?

MA: Eu diria 95%. Acima da base, há um segundo nível da pirâmide, livros que são suficientemente bons; bons, mas não excelentes o bastante para serem lidos com cuidado mais de uma única vez. Se você olhasse para trás, não veria nenhuma recompensa na leitura desses livros, porque não elevaram sua mente a um patamar acima, não foram gratificantes.

CVD: Você tiraria deles tudo o que têm a oferecer na primeira leitura.

MA: Num nível acima desse, há um número menor de livros, eu diria 2% de todos os que já foram escritos, que devem ser lidos mais de uma vez, duas ou três talvez. Numa segunda leitura, você veria outras facetas que não vislumbrou na primeira.

CVD: Você gostaria de verificar suas percepções da primeira leitura.

MA: Mas, talvez, não mais do que duas ou três vezes. Depois, no ápice da pirâmide, está o menor número de livros, imagino cem, ou menos. Esses são inesgotáveis, podem ser lidos repetidas vezes, inúmeras, durante toda a vida, e sempre se aprende mais.

CVD: Isto é instigante! Ou seja, você pode ler um livro repetidas vezes e ele não se esgota. Que característica do livro permite isso?

MA: O que frequentemente digo sobre um grande livro, que torna a afirmação verdadeira, é que ele está na mente das pessoas o tempo todo. Isso quer dizer que tem poder suficiente para que, independente do número de vezes que você recorre a ele, ainda haverá mais coisas que o atraem e informam sua mente. Há pouquíssimos livros desse tipo. Sabe, há muitas definições de grandes livros. Por exemplo, Mark Twain disse uma vez, literalmente: "Os grandes livros são aqueles que todo mundo gostaria de ter lido, mas ninguém quer ler". E seu tio, Carl Van Doren, disse uma vez, na minha presença, de maneira muito sábia, que os grandes livros são aqueles que não devem ser escritos novamente. Eles são tão bons, que ninguém pode tentar reescrevê-los. Porém, creio que a minha definição é compatível com a do seu tio: grandes livros são inesgotáveis, suportam toda uma vida de leitura.

CVD: Porque ao retomá-los, você mudou, cresceu, amadureceu, sua mente se tornou mais elevada. É o que se espera. Se você for um bom leitor, é provável que isso aconteça. Mesmo assim, esse livro ainda está um pouco acima do seu alcance e assim continua. Você pode alcançar sua parte mais inferior, mas, ainda assim, vai fazê-lo superar-se sempre.

MA: No entanto, como as pessoas são diferentes, eu diria que os grandes livros, aqueles que provocariam tais reações, podem não ser os que produziriam o mesmo efeito em mim. É possível que cada pessoa tenha uma pequena série de livros que pode agir dessa forma magnética, poderosa, permitindo que a mente evolua. De certa maneira, para testar essa ideia, tenho feito um teste com as pessoas ao longo dos anos, sempre com resultados divertidos e instrutivos, em que é necessário imaginar a experiência de viver numa ilha deserta. Uma ilha deserta é ideal. Você não é Robinson Crusoé, que tem de cuidar sozinho de si mesmo. As condições de acomodação são excelentes: comida e abrigo, todos os confortos da vida. Só duas coisas faltam nessa ilha deserta: você tem que trabalhar para o seu sustento, o tempo todo sozinho, não há pessoas com quem possa se associar, você não tem companhia e não há rádio nem televisão. Vou colocá-lo nessa ilha, e também vou me colocar nela, e isso por dez anos.

CVD: Então, durante esses dez anos, você tem que ocupar sua mente lendo.

MA: Você tem que fazer exercício físico. Se não nadar, não correr ou não subir em árvores, seu corpo vai ficar flácido, você perderá o tônus muscular, e provavelmente não terá vigor, nem ficará bem. Da mesma forma, se não usar sua mente, ela se desintegrará. A única coisa que você vai levar para a ilha deserta são dez livros. A questão é: Se você tivesse que alimentar sua mente... Recorde-se: a comida está disponível, e vai sustentar seu corpo. Se você tivesse que alimentar sua mente por dez anos, quais dez livros, quais dez autores essenciais, você levaria?

CVD: Que livros você levaria?

MA: Vou lhe mostrar. Aqui estão os maiores livros do mundo ocidental. E são 74 autores. Não posso levar todos, e não levaria, pois somente alguns poucos são os maiores entre os maiores. Vou lhe dizer que livros eu levaria. Primeiro, Tucídides, *História da Guerra do Peloponeso*.

CVD: Você está me surpreendendo.

MA: Eu o levaria porque essa história do conflito entre Atenas e Esparta revela todas as relações internacionais, todo o mundo da política, tanto em relação ao discurso quanto à ação. Depois, eu levaria, não toda a obra de Aristóteles, mas duas: *Ética* e *Política*. Elas tratam de problemas perenes e fascinantes da boa vida e da boa sociedade.

CVD: Eu esperava isso, Mortimer.

MA: Eu também levaria Platão, porque seus *diálogos* são de difícil compreensão, mas é sempre gratificante quando se tenta entendê-los. São uma mistura de poesia e de filosofia; por isso, entenda-se minha lista dos dez livros.

CVD: Isso me surpreende um pouco. Não achava que esse livro faria parte dos seus dez.

MA: Em seguida, eu levaria o autor, Harry Truman, que li repetidas vezes, e leria várias vezes novamente, como *The Autobiography of Harry Truman*. E as *Vidas*, de Plutarco, você leu este livro?

CVD: Concordo plenamente com você.

MA: Você o leu várias vezes?

CVD: Posso adiantar que esse faz parte dos meus dez livros.

MA: Meu próximo livro... Acho que você não o levaria. Santo Agostinho, o pai da teologia cristã, da crença cristã. Levo-o por causa de uma obra neste volume, as suas *Confissões*, porque são de um homem extraordinário, poderoso, em busca da sua salvação, que lida com todas as questões que envolvem a salvação da alma humana.

CVD: Acho que se eu pudesse levar um 11º, 12º, 13º livro, o incluiria, mas não posso.

MA: Junto com Santo Agostinho, eu levaria outro grande teólogo cristão, que é Santo Tomás de Aquino, *Suma Teológica*, mas não toda ela, somente o *Tratado de Deus* e o *Tratado do Homem*.

CVD: Você pode levar o volume inteiro, se quiser.

MA: Não devo. Tenho aqui os *Ensaios*, de Montaigne.

CVD: Você escolheu Montaigne?

MA: Sim.

CVD: Fico muito feliz, Mortimer. Este é, eu diria, meu livro favorito.

MA: Porque é um comentário sobre cada aspecto da vida do homem, a fragilidade da natureza humana, os pontos fracos do homem, escrito com uma sagacidade magnífica.

CVD: Eu também gosto de Montaigne. Pensei, ao escolher meus dez, que mostrarei daqui a pouco, que teria que viver com essas pessoas por dez anos, e gostaria de viver com Montaigne.

MA: Eu levaria, é claro, junto com Montaigne, as peças de Shakespeare, não deixaria nenhuma, e os poemas também. Já separei oito livros. Meus dois próximos livros são de um filósofo inglês, John Locke. Não que eu concorde com ele, mas seu pensamento me fascina; quanto mais leio, mais perguntas surgem. Isso não quer dizer que concordo com suas conclusões, mas ele coloca as perguntas sobre as quais quero refletir. Tanto seu *Tratado sobre o Governo Civil* quanto o *Ensaio sobre o Entendimento Humano*. E, finalmente, meu grande livro favorito, *Guerra e Paz*, de Tolstói. Este é o meu décimo. Penso, de fato, que estou nessa ilha deserta, e esses dez livros podem me ocupar durante os dez anos, eu estaria vivo com eles e me desenvolvendo.

CVD: Bem, estou impressionado. Não fiquei surpreso em relação a Aristóteles, mas Montaigne. Ele seria um dos que eu escolheria, e Shakespeare também. Deixe-me ver onde estão. Eu não levaria o livro de Tucídides; levaria Plutarco... Onde está Montaigne?

MA: Estes são os seus quatro.

CVD: São três.

MA: Coloque estes de lado, Charles. Ainda faltam sete.

CVD: Vou tirá-los daqui. Você pode ficar surpreso com alguns destes, mas não se eu disser que quero levar *Ilíada* e *Odisseia*, de Homero, pois os li repetidas vezes, e nunca vou deixar de lê-los, enquanto eu viver, pois são os primeiros poemas na história do pensamento ocidental e definem todas as atribuições e soluções da poesia. Eu levaria Dante, a *Divina Comédia*. Na realidade, quero as obras completas de Dante, pois desejo ler a *Divina Comédia* no contexto de todas as suas obras. Eu levaria *Dom Quixote*.

MA: Oh! Se eu pudesse levar doze, em vez de dez, também escolheria *Dom Quixote*.

CVD: Não levo *Guerra e Paz* para escolher Cervantes. Decidi que seria melhor passar dez anos com Sancho Pança e Dom Quixote do que com o príncipe André e Natasha. Simplesmente prefiro essas pessoas. Gosto muito de Tolstói, mas adoro Cervantes.

MA: Se eu tivesse doze, levaria Cervantes e Rabelais.

CVD: Rabelais também é bom. Por fim, e aqui você não vai concordar, as obras de Sigmund Freud.

MA: Escolhi dois teólogos, e você, psicólogos.

CVD: Mas só peguei sete. Tenho mais três para escolher. E um deles é a *Bíblia*...

MA: Eles não estão entre os Grandes Livros?

CVD: Não, não estão nos Grandes Livros.

MA: Mas você acha que são grandes livros?

CVD: Sim, eu acho. A *Bíblia*.

MA: A *Bíblia* está no grupo dos dez?

CVD: Está no grupo dos dez. O outro é uma antologia, a melhor que poderia existir, de poesia lírica, pois não gostaria de passar dez anos sem poesia lírica. Quero a melhor e a maior.

MA: Não incluí uma nos meus dez.

CVD: Finalmente, eu levaria *Collected Poems*, do meu pai, Mark Van Doren, pois, durante dez anos, gostaria de lembrar de mim, dele e da minha mãe, da minha esposa e do meu irmão, e toda a minha família é mencionada neste livro. Não vou dizer se acho que seja um grande livro, mas para mim é grande e memorável, não posso viver sem ele.

MA: Sabe? Creio que os livros em relação aos quais concordamos e aqueles a respeito dos quais praticamente concordamos, são arquétipos, modelos do que significa para nós um grande livro. Certamente, os poemas do seu pai não funcionariam para mim como para você.

CVD: Mas ele teria para mim o efeito que um grande livro faz. Quero retomá-lo sempre, e, conforme vou fazendo isso, fico sempre fascinado, sempre aprendo, tenho novas ideias a respeito dele e de mim mesmo. O que um grande livro pode fazer além disso?

MA: Se estivéssemos nessa ilha deserta, cada um de nós sozinho, você acha que, no fim de dez anos, com nosso pequeno número de livros, seríamos homens melhores, com mentes melhores?

CVD: Tenho certeza que sim. Teríamos sobrevivido, eis a primeira verdade. E a segunda é que seríamos melhores depois disso. Creio que sim.

MA: A experiência deveria ser feita por cada um de nós, porque, na realidade, vivemos numa ilha deserta, embora haja televisão, rádio, e todos tenham companhia. Contudo, no que se refere ao desenvolvimento da mente, a experiência da ilha deserta é um teste verdadeiro. Isto é, o que se faz sozinho no silêncio do seu quarto com livros em suas mãos. E acredito que cada um deveria imaginar-se nessa situação e perguntar que livros levaria. Por quais livros seria rodeado se tivesse que viver com eles durante dez anos.

CVD: Basta desligar a televisão e começar a lê-los!

Posfácio

UM CÍRCULO TALVEZ NÃO SEJA UM CÍRCULO: BREVE HISTÓRIA DE CHARLES VAN DOREN

João Cezar de Castro Rocha

No princípio era a imagem.

No Evangelho dos dias que correm, seria necessário adaptar as palavras de João, pois o verbo cedeu lugar à imagem.

Não se trata, porém, de equação simples, pois a força do universo digital reside na reunião de palavra *e* imagem *e* som. Na observação certeira de Néstor García Canclini, hoje, somos todos, e ao mesmo tempo, leitores *e* espectadores *e* ouvintes *e* internautas.[1]

Não se discute, contudo, a centralidade da imagem no mundo contemporâneo.

(A tal ponto que a frase anterior corre o risco de tornar-se um truísmo – um aforismo do querido Conselheiro Acácio.)

Poucos experimentaram as vicissitudes desse deslocamento com a intensidade de Charles Van Doren, o interlocutor de Mortimer Adler no livro que reúne a conversação dos dois autores, *A Arte da Leitura: Diálogos sobre Livros*.

De fato, a história de Van Doren, como se diz, daria um filme!

Ou um livro – se pensarmos em sua família.

---

[1] "Uma vasta bibliografia discute o que é um leitor, outra, o que é um espectador, começamos a entrever o que pode ser um internauta. Aqui, fazemos com que essas três perguntas sejam reconhecidas como indecisões das mesmas pessoas." Néstor García Canclini, *Leitores, Espectadores e Internautas*. Tradução Ana Goldberger. São Paulo, Iluminuras, Itaú Cultural, 2008. p. 13.

O tio, Carl Van Doren, recebeu, em 1939, o Prêmio Pulitzer de Biografia por seu livro *Benjamin Franklin*. Professor renomado, publicou em 1921 *The American Novel*, um dos primeiros estudos críticos a reconhecer a proeminência de Herman Melville no cânone da literatura norte-americana. Ainda hoje, ele é recordado como um dos mais talentosos biógrafos do país.

E o que dizer de seus pais?

Mark Van Doren foi um poeta reconhecido e um crítico respeitado. Em 1940, conquistou o Prêmio Pulitzer de Poesia pela reunião de seus poemas, *Collected Poems – 1922-1938*. Especialista no teatro de William Shakespeare, dedicou um livro ao dramaturgo, deixando uma bibliografia tão vasta quanto apreciada.

Círculo familiar completo, pois sua mãe, Dorothy Van Doren, foi uma romancista de sucesso; títulos como *Strangers* (1926), *Brother and Brother* (1930) e *Men, Women and Cats* (1962) tiveram boa acolhida de público e de crítica.

Círculo ampliado: Mark Van Doren foi um professor de literatura celebrado como poucos, uma autêntica lenda no campus da Universidade Columbia.

Charles Van Doren, portanto, cresceu cercado de livros e estimulado por longas conversas acerca de autores e sobre os clássicos da tradição. Ao que parece, seu pai tinha um hábito peculiar, que consistia em distrair a família com um tipo próprio de jogo literário: inesperadamente, em meio à refeição, o especialista em Shakespeare empostava a voz e declamava um verso ou recordava uma fala qualquer de um personagem da vasta galeria shakespeariana. Cabia ao filho, Charles, completar os versos do soneto ou declinar o nome da peça, e, se possível, recordar o ato e a cena em que a fala tem lugar.

O reconhecimento do exigente pai e incansável professor era a única recompensa desejada.

Mais ou menos como num programa de televisão.

Desses que propõem as mais diversas perguntas para eruditos de ocasião, eloquentes sobre todo e qualquer assunto – até acerca daqueles que ignoram.

(Trata-se da *erudição criativa*, muito comum entre teóricos que redigem incontáveis páginas discutindo conceitos cujo idioma original nunca estudaram.) Os italianos têm uma palavra-navalha para esses sabichões: *tuttologo*. Recentemente, criaram outra, deliciosa, para definir os professores universitários que sempre encontram algo a dizer acerca da miríade de acontecimentos do calor da hora: *opinionista*.

O sofista de si mesmo...

Pois é.

Como se fosse um programa de televisão.

Mas, nesse caso, era um programa de televisão – infelizmente.

Um escândalo no meio do caminho.

Twenty One, assim se chamava.

Vinte e Um, como o jogo de cartas, assim se chamava o programa de televisão que mudou radicalmente a vida, em tese, perfeitamente organizada de Charles Van Doren.

Estamos em janeiro de 1957.

O jovem professor assistente da Universidade Columbia, com apenas 30 anos, mas já dono dos títulos de mestre em astrofísica e doutor em literatura inglesa, começou a participar de umas das atrações mais populares da televisão norte-americana: os shows de perguntas e respostas acerca de temas diversos. O sucesso da fórmula estimulou a concorrência entre os canais e encontrar participantes atraentes para os telespectadores era a obsessão de todo *quiz show*.

No caso de Charles Van Doren, a combinação de fatores parecia imbatível: bem-apessoado, charmoso e polido, o benjamim de uma reputada família de letras, o doutor em literatura encantou o público, enobrecendo de forma inédita um modesto formato televisivo.

Cartas na mesa, todos ganharam.

A audiência foi aos céus nos três meses de participação de Van Doren.

Os patrocinadores lucraram como nunca antes.

O jovem professor amealhou aproximadamente US$ 130 mil, em valores atualizados, quantia equivalente a US$ 1 milhão e 200 mil.

Nada mal.

E ainda houve mais.

Em 11 de fevereiro de 1957, triunfante, Van Doren apareceu na revista *Times*, e, pouco depois de deixar o *Twenty One*, tornou-se apresentador da rede NBC, como renomado especialista em assuntos culturais.

(Um *opinionista* – portanto.)

Seria Charles Van Doren o primeiro intelectual de formação sólida a tornar-se uma celebridade televisiva?
Não!
Mas poderia muito bem ter sido, se, em 1959, uma investigação sobre programas de televisão cujos resultados eram fraudulentos, pois arranjados previamente, não tivesse alvejado a jovem estrela em ascensão. Paradoxalmente, a projeção midiática de Charles Van Doren tornou-o um alvo fácil, quase óbvio. Ademais, o polido professor terminou por admitir que a razão pela qual venceu a todos os seus oponentes por três meses consecutivos nada tinha a ver com um impressionante domínio da história do conhecimento – passado, presente e inclusive futuro.

O motivo das conquistas certamente não encheu de orgulho sua família de letras: ele recebia as perguntas antes da emissão do programa.

E também as respostas – bem entendido.

E ainda ensaiava com os produtores do *quiz show*, preparando uma verdadeira coreografia de gestos e de expressões, a fim de encenar uma hesitação aqui, um nervosismo ali; afinal, se acertasse todas as questões com facilidade, pareceria arrogante, o que decepcionaria seu fiel público.

O que veio depois é bem conhecido; o episódio virou um filme de sucesso, lançado em 1994, *Quiz Show*, dirigido por Robert Redford, com Ralph Fiennes no papel do jovem professor.

O próprio Van Doren escreveu o relato definitivo acerca do episódio.[2]

Numa frase: meteórica foi sua fama e ainda mais célere sua desmoralização.

Perdeu o emprego na NBC.

---

[2] Charles Van Doren, "All the Answers. The quiz-show scandal – and the aftermath". Disponível em: http://www.newyorker.com/magazine/2008/07/28/all-the-answers.

Foi atacado sem piedade, e ao vivo, por Dave Garroway, apresentador de *The Today Show*. Na recordação agridoce de Van Doren: "me disseram que ele estava sinceramente irritado – nem conseguiu terminar a emissão e foi substituído".[3]

Claro: a audiência nesse dia superou todas as expectativas – que eram grandes. A crônica de uma reputação assassinada é o gênero mais exitoso da televisão desde os seus primórdios, ou seja, exatamente nos anos 1950.

Já tinha sido de certa imprensa – dita marrom.

E continua sendo o *best-seller* das redes sociais com seus juízos sumários e linchamentos virtuais.

A Universidade Columbia emitiu um comunicado lacônico, esclarecendo que a carta de renúncia de Van Doren seria prontamente aceita.

Sem dúvida, era o fim do caminho.

Águas de Mortimer

A Arte da Leitura: Diálogos sobre Livros começou a nascer nesse contexto nada favorável.

Eis: homem de reputação impecável, Mark Van Doren era amigo de longa data do filósofo e educador norte-americano Mortimer Adler. De fato, ele dedicou um poema a Adler, "Philosopher at Large", no qual louvava o talento maior do pensador, qual seja, ir além das aparências, numa busca permanente do núcleo dos fenômenos, dos textos e das pessoas.

Vale a pena recordar alguns versos:

> The ancient garden where most men
> Step daintily, in specimen dust,
> He bulldozes; plows deep;
> Moves earth, says someone must,
> If truth is ever to be found
> That so long since went underground.
> What truth? Why down? He shakes his head.

---

[3] Idem.

(Umas das melhores páginas deste livro é justamente aquela na qual o filho pródigo se converte em exegeta do pai e "explica" a Mortimer Adler o "sentido" do poema.)[4]

Literalmente o "philosopher at large" lavrava a terra a fundo, pois, para o poeta, Adler evocava a figura do homem que passou a vida *cultivando* a mente.
Como fazê-lo sem escavar o solo em busca do húmus?
Além de uma fecunda carreira acadêmica, Adler também trabalhou como um dos principais editores da *Encyclopædia Britannica*. Assim, pôde oferecer uma vida nova a Charles Van Doren, contratando-o como assistente.
No princípio, ele precisava assinar seus textos lançando mão de pseudônimos, já que o escândalo continuava fresco na memória coletiva. No entanto, a amizade intelectual com Adler tornou-se pouco a pouco mais sólida e eles acabaram preparando em 1972 uma edição atualizada do *best-seller* acadêmico *How to Read a Book*; edição essa firmada pelos dois.
Adler, aliás, fez questão de dar a Charles o que pertencia a Van Doren:

> Para a tarefa de atualizar, refazer e reescrever este livro, tive o auxílio de Charles Van Doren, que há muitos anos é meu colega no Institute for Philosophical Research. Já trabalhamos juntos em outros livros, como *Annals of America*, em vinte volumes, publicado pela *Encyclopædia Britannica* em 1969. O aspecto mais relevante, talvez, desta empresa cooperativa em que fomos coautores, é que durante os últimos oito anos Charles Van Doren e eu trabalhamos muito próximos na condução de grupos de discussão sobre os livros clássicos e na condução de seminários em Chicago, San Francisco e Aspen. Essas experiências nos proporcionaram muitas das intuições que levaram à reescritura deste livro.
> Agradeço a Van Doren pela contribuição dada a nosso esforço conjunto.[5]

---

[4] Ver, neste livro, p. 86.

[5] Mortimer J. Adler; Charles Van Doren. *Como Ler Livros. O Guia Clássico para a Leitura Inteligente*. Trad. Eduardo Wolf, Pedro Sette-Câmara. São Paulo, É Realizações, 2010. p. 22.

A iniciativa teve grande êxito.

Por fim, Charles Van Doren retornou à televisão, batendo papo com Mortimer Adler.

Agora, contudo, as únicas respostas que precisou encontrar versavam sobre livros que ele havia efetivamente lido, relido e treslido – como Machado de Assis definia seu ato particular de leitura.

Nada mais estava em jogo.

Ou não.

No diálogo que originou *A Arte da Leitura*, os dois interlocutores dão corpo à metáfora clássica da tradição – e especialmente dos livros que a transmitem – como uma longa conversa entre pessoas que nunca se encontraram, mas que jamais estiveram distantes.

Releia a última frase proferida por Van Doren sobre a arte de ler livros:

"Basta desligar a televisão e começar a lê-los".[6]

Ninguém poderia dizê-lo com mais propriedade.

Coda

Aposentado, Charles Van Doren seguiu a trilha do mestre e assinou um livro que rapidamente se tornou um *best-seller*.

Você quer saber o título?

A History of Knowledge: Past, Present and Future.

(Reinventar-se é possível. Ainda bem. E, não se esqueça, a lição importa para todos nós.)

---

[6] Ver, neste livro, p. 120.

De Mortimer J. Adler leia também:

Livros sobre a arte de falar há muitos, mas poucos se dedicam à arte de ouvir. Com sua erudição e clareza, Mortimer Adler aborda neste volume ambas as atividades em seções distintas dedicadas ao discurso ininterrupto, à escuta silenciosa e à conversa de mão dupla. Fundamental para estudantes, homens de negócios, políticos, conferencistas e todos que desejam aperfeiçoar suas habilidades comunicativas.

Qual a diferença entre conhecimento e opinião? O que é amor? Quem é Deus? O que é justiça? O que é beleza? Mortimer Adler apresenta aqui as *Grandes Ideias*, uma série de problemas de que filósofos, escritores e artistas têm se ocupado ao longo de toda a história da humanidade.

facebook.com/erealizacoeseditora
twitter.com/erealizacoes
instagram.com/erealizacoes
youtube.com/editorae
issuu.com/editora_e
erealizacoes.com.br
atendimento@erealizacoes.com.br